Noch erfolgreicher verkaufen auf Ebay, Amazon & Co

Business- Ratgeber für den Online- Handel im Internet
(Überarbeitete und erweiterte Neuauflage)

Von Kai Berke

IMPRESSUM

Noch erfolgreicher verkaufen auf Ebay, Amazon & Co
Business- Ratgeber für den Online- Handel im Internet (überarbeitete und erweiterte Neuauflage)
von Kai Berke

© 2017/Kai Berke
Alle Rechte vorbehalten.

Autor: Kai Berke
Am Steven 1
23569 Lübeck
post@kaiberke.de

Verlag: Kai Berke

Dieses Buch, einschließlich seiner Teile, ist urheberrechtlich geschützt und darf ohne Zustimmung des Autors nicht vervielfältigt, wieder verkauft oder weitergegeben werden.

Inhaltsverzeichnis

Noch erfolgreicher verkaufen auf Ebay, Amazon & Co 1
   Business- Ratgeber für den Online- Handel im Internet 1
   Von Kai Berke 1
Inhaltsverzeichnis 3
Einleitung 4
Bevor du loslegst: Gewerbe anmelden 5
Gründungszuschuss der Bundesagentur für Arbeit 8
   Höhe des Gründungszuschusses 8
   Unterlagen für den Gründungszuschuss 9
Kleingewerbe oder Umsatzsteuerpflicht 11
   Umsatzsteuer- Identifikationsnummer beantragen 12
   Umsatzsteuer- Voranmeldung 13
   Exkurs: Geschäftskonto erforderlich? 15
Gewinn- und Verlustrechnung 18
Wareneinkauf 20
   Vertragshändler eines Markenherstellers 20
   Dropshipping 21
   Einkauf im Großhandel 23
   Ware selbst importieren 29
Verkaufskanäle 35
   Verkaufen bei Amazon 35
   EXKURS: Rechtssicher verkaufen 37
   Exkurs: Markenrecht 43
   Zehn Grundregeln zum Verkaufen auf Ebay 64
   Aktuelle Entwicklungen auf Ebay & Amazon 86
   Der eigene Webshop 92
   Yatego, Allyouneed, Hitmeister, Rakuten & Co 96
   International verkaufen 98
Rechnungen für Kunden erstellen 105
Marketing 108
   Listung auf Preissuchmaschinen 108
   Anzeigenkampagnen bei Ebay und Amazon 115
   Soziale Medien 116
Verpackung und Versand 119
   Verpackung 119
   Versanddienstleister 122
Payment- Lösungen – Paypal & Co 135
Interessenten- und Beschwerdemanagement 145
   Kaufberatung per Live- Chat 149
Ein paar rechtliche Hinweise 151
   Was bedeutet eigentlich Gewährleistung 151
   Wer zahlt die Versandkosten bei Ausübung des Widerrufsrechts 152
   Unfreie Warenrücksendungen 154
Zu guter Letzt… 157

Einleitung

In Deutschland gehen ungefähr 400.000 Online- Händler einer Verkaufstätigkeit im Internet nach und Studien gehen davon aus, dass ein Großteil davon in den nächsten sieben Jahren verschwunden sein wird, weil der Trend im Internet wie auch im normalen Einzelhandel hin zu großen Anbietern geht.

Obwohl die Online- Welt also nicht gerade auf noch einen Anbieter wartet und die Handelswelt gerade auf den großen virtuellen Marktplätzen in den letzten Jahren rauer geworden ist, ist es immer noch möglich, mit einer cleveren Verkaufsidee und einem stimmigen Sortiment Geld im Onlinehandel zu verdienen.

Wer also bereit ist, sich seine Nische zu suchen und nicht als der eintausendste Händler von bunten Handyhüllen ein paar Cent billiger zu sein als die anderen, wer nicht nur schnell Kasse machen will mit Posten-Schrott aus Bangladesh sondern versucht, seine Kunden nachhaltig zufrieden zu stellen, wer also Verkäufer aus Überzeugung ist und nicht nur lange ausschlafen will, für den wird es auch in ein paar Jahren noch einen Platz im Onlinehandel geben.

In diesem Leitfaden für Anfänger und Fortgeschrittene im Online- Versandhandel befassen wir uns mit allen relevanten Aspekten des Verkaufens im Internet: Von der Gewerbeanmeldung über den Waren-Einkauf, die verschiedenen großen Marktplätze, hin zu Verpackungs- und Versandlösungen und garniert mit jeder Menge Hinweise zu rechtlichen Fallstricken und Steuertipps ist dieser Reader *das* umfassende Handbuch für den E- Commerce.

Bevor du loslegst: Gewerbe anmelden

Obwohl das Internet voll von Leuten ist, die ihr Hobby, streng genommen, gewerblich betreiben, aber dennoch als Privatverkäufer firmieren, kann ich nur davon abraten, diesen Schein- Privatiers nachzueifern. Stattdessen sollte der erste Weg zum Gewerbeamt der eigenen Gemeinde führen, um dort einen Gewerbeschein zu beantragen.

Natürlich steht es einem, entsprechende finanzielle Mittel vorausgesetzt, auch frei, eine andere Rechtsform zu wählen, aber die Regel wird sein, dass man als nicht eingetragener Einzelunternehmer beginnt.

Will man das Gewerbe gemeinschaftlich mit anderen betreiben, so kann man auch über die Gründung einer Gesellschaft bürgerlichen Rechts (GbR) nachdenken und wenn man irgendwann mal relevante Gewinne erzielt, bietet sich vielleicht sogar die Gründung einer Kapitalgesellschaft an, aber für den Anfang wollen wir den Ball mal flach halten und als bodenständiger Einzelunternehmer unser Glück versuchen.

Ohne Gewerbenachweis als scheinprivater Verkäufer wird man nicht weit kommen, denn man wird andauernd nach einem Nachweis der gewerblichen Tätigkeit gefragt werden, sei es beim Großhändler, bei der Anmeldung auf Amazon oder beim ersten Kreditantrag.

Als Gewerbetreibender muss man sich selbst krankenversichern, kann aber immerhin wählen, ob man dies als freiwillig Versicherter in einer Gesetzlichen Krankenversicherung tut oder ob man sich privat versichert.

Achtung: Die GKV berechnet ihren Beitrag nach einer festgelegten Mindestbemessungsgrenze. Nach dieser überaus weltfremden Grenze geht der Gesetzgeber davon aus, dass Selbständige von Beginn an mindestens 2178 Euro im Monat netto verdienen, was zu einem Krankenversicherungsbeitrag (inklusive Pflegeversicherung) von rund 350 Euro im Monat führt.

Was einem die Krankenversicherung in der Regel verschweigt, ist dass es auch noch eine reduzierte Mindestbemessungsgrenze gibt für Selbständige, die im Monat weniger als 1452,50 Euro netto verdienen. Da liegt der Beitrag dann natürlich entsprechend niedriger- nämlich bei ungefähr 240 Euro.

Man kann sich die Differenz der zu viel gezahlten Beiträge übrigens auch noch für ein Jahr rückwirkend erstatten lassen, wenn der Bescheid über die Beitragshöhe zunächst vorläufig erstellt wurde, was der Regelfall ist, weil man als Selbständiger ja nie weiß, wie sich die Einnahmen im Laufe des Jahres entwickeln.

Betreibt man das Gewerbe zunächst nebenberuflich, ist man weiter als Arbeitnehmer gesetzlich krankenversichert und muss lediglich bei der Einkommensteuer ein paar zusätzliche Bögen ausfüllen.

Die Variante, den Online- Handel zunächst als Nebengewerbe zu betreiben, hat übrigens eine Reihe von weiteren Vorteilen.

Zum einen ist man nicht sofort darauf angewiesen, mit den Einnahmen aus dem Online- Handel seinen kompletten Lebensunterhalt zu bestreiten, zum anderen kann man eventuelle rechnerische Verluste, die am Anfang häufig auftreten, weil man sich ja zunächst einmal einen Warenbestand aufbauen muss, Steuer mindernd bei der Einkommensteuererklärung geltend machen, spart also bares Geld.

Für die gewerbliche Nebentätigkeit benötigt man möglicherweise die Zustimmung seines Arbeitgebers, mindestens muss man ihn aber darüber informieren, dass man eine selbstständige Nebentätigkeit ausübt.

Gründungszuschuss der Bundesagentur für Arbeit

Gerade am Anfang benötigt man als neuer Selbständiger ein bisschen Starthilfe- was das Know How, aber vor allem auch was das Finanzielle angeht. Wer Anspruch auf Arbeitslosengeld 1 hat bzw. mindestens einen Tag im Leistungsbezug steht und noch mindestens 150 Tage Restanspruch auf Arbeitslosengeld hat, der kann den Gründungszuschuss der Bundesagentur für Arbeit beantragen.

Der Gründungszuschuss ist eine Ermessensleistung, auf die man keinen Anspruch hat. Man muss also den Sachbearbeiter mit einem stimmigen Finanzkonzept und einem gut durchdachten Businessplan überzeugen. Trotzdem gibt es immer noch den so genannten Vermittlungsvorrang. Wenn der Sachbearbeiter also die Chancen für eine Vermittlung in einen neuen Job zu hoch einschätzt, wird er dich eher in einen Job vermitteln, als das Risiko einer Existenzgründung aus Beitragsmitteln der Bundesagentur für Arbeit zu finanzieren.

Höhe des Gründungszuschusses

Hat der Vermittler keine großen Erwartungen an die Vermittlungsfähigkeit und hat der Antragsteller durch realistische Liquiditätsplanung, Rentabilitätsvorschau, Beurteilung des Marktumfeldes seine Befähigung zur Selbständigkeit nachgewiesen, wird die ersten sechs Monate ein Gründungszuschuss in Höhe des Arbeitslosengeldanspruchs zuzüglich 300 Euro für die soziale Absicherung, also Kranken- und Pflegeversicherung sowie ggf. freiwillige Beiträge in die Rentenversicherung, gewährt.

Nach dieser sechsmonatigen Anfangsphase wird überprüft, ob die Ziele bis dahin erreicht wurden und bei entsprechender Erfolgsaussicht wird für weitere neun Monate die soziale Absicherung in Höhe von 300 Euro weiter gezahlt.

Wenn das die einzigen finanziellen Mittel sind, auf die man zurückgreifen kann, dürfte es eng werden.

Man darf übrigens durchaus einer geringfügigen Nebenbeschäftigung nachgehen. Da die geförderte Selbständigkeit aber eine Vollzeit-Beschäftigung sein muss, darf eine Nebenbeschäftigung daher nicht mehr als 15 Wochenstunden ausmachen.

Unterlagen für den Gründungszuschuss

Die Unterlagen, die man für einen Antrag auf Gründungszuschuss einreichen muss, haben es in sich:

- Businessplan: Er muss in sachlicher und nachvollziehbarer Weise das Geschäftsvorhaben beschreiben sowie eine umfassende Finanzplanung und Umsatzentwicklung für die ersten drei Jahre beinhalten
- Gutachten: Der Businessplan muss von einer sachkundigen Stelle begutachtet und für tragfähig befunden werden (z.B. durch Wirtschaftsprüfer, IHK o.ä.)
- Lebenslauf
- Qualifikationsnachweis, z.B. Teilnahme an einem Seminar über Existenzgründung

Spötter behaupten, in der Zeit, die man zum Beibringen sämtlicher Unterlagen benötigt, kann man schon seine erste Million verdient haben. Das ist natürlich Quatsch, aber der Zeitaufwand ist tatsächlich nicht zu unterschätzen.

Natürlich ist es wichtig, sich ein realistisches Bild von den zu erwartenden Umsätzen und den Margen zu machen, die einem in einem so umkämpften Markt bleiben. Es ist eben etwas anderes, von dem Gewinn nach Abzug all der Kosten leben zu müssen, als sich als Privatverkäufer durch den Verkauf seiner CD- Sammlung auf Ebay etwas Taschengeld dazu zu verdienen.

Ob allerdings der Aufwand eines Businessplans, der nach ein paar Monaten durch Änderungen der Rahmenbedingungen schon wieder obsolet sein kann, gerechtfertigt ist und ob nur Verkäufer, die einen tollen Geschäftsplan mit beeindruckenden Grafiken zur Rentabilitätsvorschau vorlegen, gute Verkäufer sein können, halte ich für zweifelhaft.

Nicht in Frage kommt der Gründungszuschuss übrigens für alle diejenigen, die die selbständige Verkaufstätigkeit bereits im Nebenerwerb neben dem Hauptberuf ausgeübt haben.

Ich persönlich halte den Weg, die Selbständigkeit schon im Erwerbsleben nebenbei auszuprobieren für Erfolg versprechender, weil man dann über die Wirklichkeit im Online- Handel sehr viel mehr lernt als in irgendwelchen Businessplänen.

Neben dem Existenzgründerzuschuss der BfA gibt es noch unzählige weitere Stellen, an denen man möglicherweise Fördergelder beantragen kann. Ein Blick auf die Webseite der KfW (Kreditanstalt für Wiederaufbau) lohnt sich immer; hier gibt es zinsgünstige Kredite.

Je nach Branche und Wirtschaftsregion gibt es oft von den Bundesländern aufgelegte Förderprogramme. Hier könnt ihr euch zu Beginn eurer Geschäftstätigkeit mal an die örtliche IHK wenden, deren Zwangsmitglied ihr im Übrigen mit der Gewerbeanmeldung geworden seid.

Kleingewerbe oder Umsatzsteuerpflicht

Nachdem man ein Gewerbe angemeldet hat, wird man schnell Post vom zuständigen Finanzamt mit einem Erfassungsbogen bekommen. Wichtig ist dabei vor allem die Frage, ob man als Kleingewerbler mit einem Umsatz von weniger als 17500 Euro im Jahr von der Umsatzsteuer befreit werden möchte oder ob man auf die Anwendung dieser Regelung verzichtet und sich freiwillig der Umsatzsteuer unterwirft.

Normalerweise sind Unternehmen umsatzsteuerpflichtig, das heißt, dass man auf alle Umsätze die man erzielt, die entsprechende Umsatzsteuer (in der Regel 19%) abführen muss.

Im Gegenzug darf man die Umsatzsteuer, die man beim Einkauf von Waren oder Dienstleistungen verauslagt hat, als so genannte Vorsteuer geltend machen, bekommt diese also vom Staat zurück, bzw. verrechnet diese mit der Umsatzsteuer auf den eigenen Umsatz.

Da man als Unternehmer normalerweise Gewinn machen sollte, wird man Waren immer teurer verkaufen als man sie eingekauft hat, d.h. die Umsatzsteuer wird im Regelfall höher sein als die Vorsteuer, die man abziehen kann.

Um Existenzgründungen steuerlich ein bisschen zu entlasten, wurde die Kleinunternehmer- Regelung eingeführt, nach der man sich mit diesem Steuer- Krimskrams eben nicht befassen muss. Man zahlt also keine Umsatzsteuer, bekommt aber auch keine Vorsteuer erstattet.

Was eigentlich nach einem guten Deal klingt, ist für den Online- Händler in der Anfangsphase oft ein Minusgeschäft, denn der Aufbau eines gewissen Warenbestandes, ggf. Anschaffung neuer Soft- oder Hardware,

Verpackungs- und Verbrauchsmaterialien kosten in der Anfangsphase oft mehr Geld als durch Verkäufe reinkommt, so dass man steuerlich als Kleingewerbler ein Minusgeschäft machen würde.

Speziell im Online- Handel kommt hinzu, dass man meist Geschäftskunde bei einem Versandunternehmen wird und daher auf das fällige Porto ebenfalls Umsatzsteuer zahlt. Das ist bei einem Versandhändler einer der größten Ausgabe- Posten und daher nicht zu unterschätzen.

Viele werden aus natürlicher Abscheu gegenüber dem Finanzamt und steuerlichen Angelegenheiten dazu tendieren, den leichten Weg als Kleinunternehmer zu gehen, doch ich empfehle, dies vorher sehr genau zu überlegen.

Vorsteueranmeldungen sind kein Hexenwerk und die Ersparnis kann möglicherweise enorm sein. Man kann sich im Übrigen auch noch im Nachhinein bei der Abgabe der nächsten Steuererklärung rückwirkend der Umsatzsteuer unterwerfen.

Umsatzsteuer- Identifikationsnummer beantragen

Wenn man den oben schon erwähnten Erfassungsbogen vom Finanzamt zugeschickt bekommt, gibt es dort auch ein Feld, das man ankreuzen muss, um eine Umsatzsteuer- Identifikationsnummer zugeteilt zu bekommen.

Diese benötigt man, um im EU- Ausland Waren und Dienstleistungen steuerfrei zu erwerben. Dies kann je nach Sortiment für den Wareneinkauf interessant sein; es ist aber auf jeden Fall extrem wichtig für den Handel auf Ebay und Amazon, denn diese Unternehmen haben ihren Sitz in Luxemburg. Hat man keine USt- ID addieren Ebay und Amazon die luxemburgische Umsatzsteuer auf die Verkaufsgebühren- Rechnung. Dies kann schnell ein vierstelliger Betrag im Jahr werden, den man durch ein einfaches Kreuz im Erfassungsbogen einsparen kann.

Man kann die Umsatzsteueridentifikationsnummer auch später noch online beim Bundeszentralamt für Steuern beantragen (www.bzst.de).

In der Vorsteuer- Anmeldung, die man zunächst meist monatlich, später oft auch nur noch vierteljährlich, online über ELSTER abgeben muss, muss man die imaginäre Umsatzsteuer auf die „Leistungen eines im übrigen Gemeinschaftsgebiet ansässigen Unternehmens" (§ 3a, Abs. 2 UStG) übrigens angeben, um sie ein paar Seiten später dann als Vorsteuer wieder abzuziehen- ein Nullsummenspiel also.

Umsatzsteuer- Voranmeldung

Steuerangelegenheiten sind in etwa so beliebt wie Zahnschmerzen. Tatsächlich sind viele Regelungen im deutschen Steuerrecht einigermaßen sinnfrei und etliche Ausnahmetatbestände erfordern Insiderkenntnisse. Trotzdem gibt es viele steuerliche Angelegenheiten, die man selbst erledigen kann.

Da man gerade in der Gründungsphase versucht ist, jede unnötige Ausgabe zu vermeiden, sollte man sich das Geld für den Steuerberater, jedenfalls was die Abgabe der Umsatzsteuer- Voranmeldung angeht, sparen und diese selbst erledigen.

Wie oben bereits erwähnt, wird bei der monatlichen Voranmeldung die Umsatzsteuer auf die Einnahmen mit der Umsatzsteuer auf die Ausgaben verrechnet. Für die Erfassung von Einnahmen und Ausgaben trägt man diese in einen Kontenrahmen ein. Für Jungunternehmer tut es ein einfacher Kontenrahmen. Ich empfehle hierfür das kostenlose kleine

Programm Jes, in dem man die einzelnen Buchungen unkompliziert in einen vorgegebenen einfachen Kontenrahmen eingeben kann.

Jes berechnet aus den eingegebenen Beträgen die Umsatzsteuer, erstellt einem dann ein Buchungsjournal, Saldenlisten und alle notwendigen Daten für Vorsteueranmeldungen und sogar für die jährliche Einkommensteuererklärung.

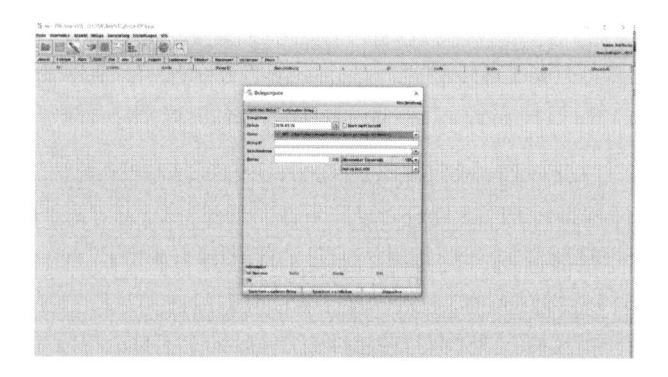

Für die Voranmeldungen legt man sich dann ein Konto bei Elster, dem Onlineportal der Finanzbehörden (https://www.elsteronline.de/) an, da diese nur elektronisch und nicht mehr in Papierform abgegeben werden können.

In seinem Elster- Konto klickt man dann links auf „Formulare" und dann geht man zur Umsatzsteuer- Voranmeldung. Es öffnet sich- nicht erschrecken- ein Online- Formular mit 13 Seiten. Keine Angst, die meisten Punkte sind für kleine Online- Händler uninteressant.

Tatsächlich müssen die meisten neben der ersten Seite mit den persönlichen allgemeinen Angaben nur zwei Felder ausfüllen: auf Seite 4

„Umsätze zum Steuersatz von 19%"; hier trägt man seine Netto-Einnahmen ein, das Programm addiert dann die Umsatzsteuer automatisch und auf der vorletzten Seite „Vorsteuer aus Rechnungen anderer Unternehmen (...)".

Elster zieht dann die eingegebene Vorsteuer von der errechneten Umsatzsteuer ab, man bestätigt die Summe und fertig. Das Finanzamt bucht dann die verbliebene Umsatzsteuer von deinem Konto ab bzw. überweist dir einen möglichen Überschuss an Vorsteuern zurück auf dein Konto.

Es müssen für die Vorsteueranmeldung, die bis zum 10. des Folgemonats abgegeben werden muss, keinerlei Belege eingereicht werden. Es muss lediglich angegeben werden, wie viel ihr eingenommen und wie viel ihr ausgegeben habt. Dabei kommt es nicht auf das Rechnungsdatum an sondern auf den Tag des Ein- oder Ausgangs auf deinem Konto.

Während die Vorsteueranmeldung also kinderleicht selbst erledigt werden kann, ist bei der jährlichen Einkommensteuererklärung die Zuhilfenahme eines Steuerberaters gerade für Anfänger im Steuergeschäft zu empfehlen. Aber wenn ihr mit JES oder irgendeinem anderen Buchungsprogramm eure Belege für die Umsatzsteuererklärung alle regelmäßig eingetragen habt, ist der Arbeitsaufwand für den Steuerberater am Jahresende deutlich geringer.

Exkurs: Geschäftskonto erforderlich?

Hartnäckig hält sich der Glaube, es gäbe eine Verpflichtung für Gewerbetreibende, ein Geschäftskonto bei einer Bank zu eröffnen. Diesen Zwang gibt es nicht und für den Anfänger im Online- Handel hat das Geschäftskonto sogar mehr Nachteile als Vorteile.

Man kann seine geschäftlichen Zahlungen auch über ein ganz normales kostenloses Girokonto durchführen. Was man der Übersichtlichkeit halber tun sollte, ist den privaten Zahlungsverkehr von dem geschäftlichen zu trennen, also zwei Girokonten zu führen.

Der einzige echte Vorteil eines Geschäftskontos ist die Möglichkeit, Lastschriften darüber zu ziehen und damit eine populäre Zahlungsmethode in seinem Shop anbieten zu können. Dies funktioniert nur mit einem Geschäftskonto.

Doch Vorsicht: Nicht alle Geschäftskonten bieten diese Möglichkeit. Vielmehr ist der Lastschrifteinzug mit den allermeisten kostenlosen Geschäftskonten auf Online- Basis nicht möglich. Auch bei den kostenpflichtigen Konten der großen Filialbanken ist die Einrichtung des Lastschrifteinzugs nicht selbstverständlich.

Die Nachteile eines Geschäftskontos liegen auf der Hand. Für den gleichen Leistungsumfang eines normalen Girokontos verlangen die Banken beim Geschäftskonto Gebühren- und das nicht nur in Form einer monatlichen Gebühr sondern auch für einzelne Transaktionen. Man zahlt also für jede Kontobewegung irgendetwas rund um 10 Cent. Wer seine Vorkasse- Zahlungen für preiswerte Artikel unter zehn Euro auf sein Geschäftskonto überweisen lässt, zahlt also Gebühren wie bei Paypal.

Auch die Annahme, man würde von der Bank leichter einen Investitionskredit bekommen, wenn man dort ein Geschäftskonto führt, ist ein Irrglaube. Die Sicherheiten, die die Banken für eine Kreditvergabe verlangen, sind exakt dieselben; egal, ob ich als Neukunde oder als langjähriger Gebührenzahler dort anfrage.

Will man Waren aus China importieren und muss daher häufiger Geldüberweisungen in das Nicht- Eu- Ausland tätigen, ist das leichter mit einem Geschäftskonto. Man kann solche Überweisungen dann aber auch gegen einen geringen Aufpreis von der Agentur durchführen lassen, die den Import für einen durchführt.

Fazit: Ein separates Girokonto für den geschäftlichen Zahlungsverkehr ist zumindest für den Anfang vollkommen ausreichend.

Wer aber unbedingt selbst Lastschriften ziehen will, der sollte sich mal bei der Fidor- Bank informieren, der nach meiner Kenntnis einzigen Bank mit einem kostenlosen Geschäftskonto, kostenlosen Buchungen und dem Angebot für Lastschrifteinzug.

Kleine Ergänzung für Fortgeschrittene: Wer sich entscheidet, am FBA- Programm von Amazon teilzunehmen und dabei auch Warenbestand in Frankreich lagert, um auf diesem attraktiven Marktplatz präsent zu sein, wird in Frankreich umsatzsteuerpflichtig und der französische Staat akzeptiert für den Lastschrifteinzug der Umsatzsteuer nur SEPA- Fimenlastschriftmandate. Hier benötigt man also tatsächlich ein Geschäftskonto. Aber die wenigsten Online- Händler werden gleich mit FBA- Lagerbestand in Frankreich anfangen...

Gewinn- und Verlustrechnung

Keine Angst, das soll jetzt keine komplexe Einführung in die Buchhaltung werden, aber die beste Geschäftsidee ist eben nur dann tragfähig, wenn man mit dem Verkauf der Artikel so viel Gewinn macht, dass man am Ende des Monats davon leben kann.

Ein Beispiel: Wenn ich einen Artikel für zehn Euro einkaufe und ihn bei Ebay für zwanzig Euro verkaufe, dann habe ich zehn Euro Gewinn gemacht. Richtig?

Ist natürlich Quatsch, denn von den 20 Euro Umsatz gehen als erstes Mal 3,19 Euro als Umsatzsteuer an den Finanzminister. Zwei weitere Euro behält Ebay als Verkaufsprovision und wenn es ganz dumm läuft, zahlt der Kamerad mit Paypal, die auch noch mal 0,73 Euro kassieren.

So bleiben von den 20 Euro noch 14,08 Euro und davon müssen wir dann noch den Versand bezahlen- sagen wir mal 3 bis 4 Euro- und der Karton kostet uns auch noch mal ca. 40 Cent.

Selbst wenn wir die paar Cent für Adressetikett, Packband, Druckerkosten etc. weg lassen, sind wir mit dieser Bestellung schon in der Verlustzone; und dabei haben wir noch nicht einmal den Fall einkalkuliert, dass der Kunde den Kauf widerruft oder einen Mangel entdeckt.

Wir sehen also, dass die Gewinnmargen sehr viel geringer sind, als sie auf den ersten Blick scheinen. Um dieses für jeden Artikel immer im Blick zu haben, empfiehlt es sich, euch eine Excel- Tabelle anzulegen, mit der ihr den Gewinn bei verschiedenen Einkaufs- und Verkaufspreisen sofort erkennen könnt.

Wenn ihr den o.g. Beispiel- Artikel nicht entweder für weniger als zehn Euro einkaufen oder für mehr als 20 Euro verkaufen könnt, macht es keinen Sinn, ihn ins Sortiment zu nehmen. Schaut euch dazu das Marktumfeld vorher genau an. Wenn es bei Ebay jede Menge Verkäufer gibt, die euren Artikel für 20 Euro verkaufen, werdet ihr ihn vermutlich nicht für 25 Euro verkaufen können.

Gerade im unteren Preissegment sind die Margen extrem niedrig. Wenn es gut läuft, verdient ihr an einem Artikel mit einem Verkaufspreis um die 20 Euro vielleicht einen oder zwei Euro. Wichtig ist dabei auch, einen realistischen Prozentsatz an Retouren einzukalkulieren, denn es wird immer Käufer geben, die Artikel zurücksenden.

Nun könnt ihr euch also schon mal ausrechnen, wie viele Artikel ihr verkaufen müsst, damit ihr am Ende des Monats eure Miete bezahlen könnt.

Wareneinkauf

Nun aber genug der drögen Finanzmaterie. Schließlich wollen wir ja etwas verkaufen. Um Waren im Internet verkaufen zu können, muss man sie allerdings erst einmal einkaufen. Dabei gibt es verschiedene Möglichkeiten:

- Vertragshändler eines Markenherstellers
- Einkauf im Großhandel
- Dropshipping
- Import direkt vom Hersteller

Vertragshändler eines Markenherstellers

Mit dem ersten Punkt habe ich, ehrlich gesagt, nur wenig Erfahrung gemacht. Ich hatte mich mal an einen großen Spielzeughersteller gewandt, um mein Sortiment in der Weihnachtszeit ein bisschen aufzupeppen.

Ich habe dann ein mehrseitiges Antragsformular zugeschickt bekommen, das mich nach Luft hat schnappen lassen. Was man da alles so reglementieren und mir verbieten wollte, war nach kurzer Durchsicht absolut nicht akzeptabel für mich.

Dazu kommt, dass man in seiner Preisgestaltung extrem eingeschränkt ist, da Markenhersteller einem die Ware zu vergleichsweise hohen Preisen überlassen und auf der anderen Seite ein Interesse daran haben, dass ihr Markenimage nicht durch Ramschpreise beschädigt wird.

Viele Markenhersteller wollen einem auch den Handel auf Marktplätzen wie Ebay oder Amazon verbieten und sind mit solchen

Vertriebsbeschränkungen vor Gericht auch durchaus erfolgreich. Kurzum: Man hat viel Ärger bei geringer Marge.

Bekannte Markenhersteller wollen ihre Händler oft auch exklusiv an sich binden, sehen es also nicht gerne, wenn ihr auch noch die Artikel anderer Markenhersteller verkauft.

Das Risiko, sich an nur einen Partner zu binden, liegt auf der Hand. Wird dessen Image aus welchem Grund auch immer beschädigt, leidet man als Händler mit, auch wenn man selbst mit dem Imageschaden vielleicht überhaupt nichts zu tun hat. Wenn also „euer" Spielzeughersteller gesundheitsgefährdende Weichmacher verwendet und dies durch die Medien geht, werdet ihr darunter leiden – ohne Einfluss auf die Öffentlichkeitsarbeit oder gar das Produktmanagement nehmen zu können.

Auch neigen große Partner dazu, ihre Überlegenheit euch gegenüber auf allen möglichen Feldern (insbesondere bei Angelegenheiten, die Geld kosten) auszuspielen.

Natürlich gibt es auch viele Händler, die total glücklich mit ihrem exklusiven Status als Marken- Vertriebspartner sind. Mir fehlt da die Expertise, hilfreiche Tipps in diesem Bereich zu geben.

Dropshipping

Es gibt Leute, die meinen, dass Dropshipping eigentlich nichts mit Handel zu tun hat sondern einfach eine Webseite betrieben wird. Das ist so verkehrt nicht.

Hinter dem schönen neudeutschen Wort Dropshipping verbirgt sich ein noch relativ neuer Vertriebsweg für Großhändler, die kleinen Online-

Händlern eine Fulfilment- Lösung anbieten. Kurz: Du verkaufst meine Waren über deine Verkaufskanäle, bezahlst mir einen festgelegten Preis und ich versende den Artikel an deinen Kunden.

Klingt nach einem guten Deal; gerade zu Beginn, wo man vielleicht weder das Kapital noch die Lagerkapazität hat, sich einen großen eigenen Warenbestand aufzubauen. Ich kann den Verkaufspreis frei festlegen, muss Ware nicht auf Lager vorrätig haben, zahle nur an den Händler, wenn ich was verkaufe und habe nicht mal Stress mit dem Versand.

Klingt zu schön, um wahr zu sein? Ist es meist auch...

Die Preise, die der Großhändler von dir haben will, sind meist unrealistisch hoch, so dass da kaum noch Platz für Marge bleibt; erst recht nicht, wenn man die Sachen auf den großen Marktplätzen verkaufen will, wo noch mal satte Verkaufsgebühren fällig werden.

Zudem trägt man als Verkäufer erst einmal das Gewährleistungsrisiko. Was passiert also, wenn ein Artikel kaputt geht und man nachliefern muss? Wer bezahlt den zusätzlichen Artikel? Im gewerblichen Handel existiert kein Gewährleistungsrecht, d.h. ich kann den Großhändler nicht für den Ramsch in Anspruch nehmen, den er in meinem Namen verschickt hat.

Aber auch bei einem simplen Widerruf des Kaufs durch den Käufer bleibe ich als Verkäufer auf den Versandkosten hängen, die ich dem Käufer erstatten muss.

Natürlich kann man all solche Dinge mit dem Großhändler zu regeln versuchen, aber das ändert nichts daran, dass die Marge, die da pro Artikel hängen bleibt, so niedrig ist, dass man schon große Massen davon verkaufen müsste- und wenn ich in der Lage bin, einen Artikel massenhaft zu verkaufen, dann kaufe ich ihn in großen Mengen ein oder importiere ihn und verdiene selbst daran.

Das ist dann auch exakt das Szenario, in dem Dropshipping dann doch Sinn ergeben kann. Man kann das ganz gut zu risikoloser Marktanalyse nutzen. Ihr könnt also Produkte auf ihre Marktfähigkeit testen, ohne das Risiko zu haben, auf einem Container unverkäuflicher Ware sitzen zu bleiben.

Wenn ihr seht, dass ihr einen Artikel gut und schnell verkauft, dann macht ihr euch auf die Suche nach einem Hersteller, der den Artikel für euch produziert. Dropshipping als Marktanalyseinstrument in Echtzeit kann also durchaus sinnvoll sein.

Einkauf im Großhandel

Das ist die Bezugsquelle Nummer 1 für die allermeisten Neulinge im Online- Handel. Es gibt Großhändler en masse für No- Name- Produkte aus allen Bereichen des Lebens. Für jede Branche gibt es zudem Messen, auf denen man sich informieren und vor allem Kontakte knüpfen kann.

An dieser Stelle muss man auch eine Grundsatzentscheidung treffen, ob man als Postenhändler einen Gemischtwarenladen im Internet betreiben oder ob man sich in eine Richtung spezialisieren möchte.

Für beide Formen mag es gute Argumente geben. Der Trust- Faktor, den man im Internet nicht unterschätzen darf, ist sicherlich höher, wenn man sich das Image eines Fachhändlers mit einem stimmigen Sortiment aufbaut. Auch ist die Optimierung für Suchmaschinen vermutlich leichter, wenn die verkauften Produkte aus demselben thematischen Umfeld kommen.

Für den Gemischtwarenladen spricht die nackte Rendite. Wenn ich eine Palette Bratpfannen aus einem Versicherungsschaden zu einem Schnäppchenpreis bekomme, kann ich da zuschlagen und sie im Internet neben dem Posten Kinder- Jogginghosen und den Damen- Handtaschen mit Hello Kitty- Motiv verkaufen. Erlaubt ist, was Marge bringt.

Wenn ein Kunde nachfragt, ob die Bratpfannen auch für Induktionsherde geeignet sind, ignoriere ich die Mail einfach, weil ich von Bratpfannen keine Ahnung habe und warte darauf, dass sich die Dinger schon von allein verkaufen- Schnäppchenjäger gibt es schließlich genug.

Ja, das kann man machen und ein bisschen Variationsbreite ist sicherlich auch gar nicht verkehrt, um nicht zu sehr von irgendwelchen Trends abhängig zu sein.

Ich persönlich halte es aber für nachhaltiger, sich am Anfang der Geschäftstätigkeit zu fragen, wovon man etwas versteht, was man selbst so in seiner Freizeit gerne macht, dann in einem Brainstorming eine kleine Liste mit möglichen Produkten aus diesem Bereich zusammenstellt und mit dieser Liste gezielt die Online- Großhandelsplätze abklappert, um zu schauen, ob man diese Sachen in vernünftiger Qualität auch zu einem Preis bekommt, bei dem noch Luft für Gewinn bleibt.

Wer in seiner Freizeit gerne angelt, versteht vermutlich auch etwas vom Angeln, weiß welche Haken etwas taugen und kann potentiellen Kunden bei Fragen auch vernünftige sachkundige Antworten anbieten.

Würde ich mir eine Angel kaufen wollen, würde ich vermutlich mehr Vertrauen in einen Händler haben, der sein Sortiment rund um dieses Thema aufgebaut hat als in einen Postenhändler, der neben Angeln auch Bratpfannen und Kinder- Jogginghosen verkauft.

Diese Spezialisierung ist langfristig auch viel versprechend, denn Leute, die meinen, billige Jogginghosen bei Ebay verramschen zu können, gibt es deutlich mehr als Händler, die etwas vom Angeln verstehen.

Es geht gar nicht darum, sich im hochpreisigen Premium- Segment einnisten zu wollen. Vielleicht sind Angler grundsätzlich Markenfetischisten, die sich nur mit Angelruten von Nobelhersteller XY an den Fluss setzen, aber ich bin mir sicher, dass es auch Menschen gibt, die nicht so viel Geld haben und trotzdem gerne angeln gehen wollen. Dieses Segment mit qualitativ vernünftiger Ware aus dem Preiseinstiegssegment zu versorgen, kann möglicherweise eine Nische sein, in der man sich als Händler platzieren kann.

Um ehrlich zu sein: Ich habe vom Angeln keine Ahnung, aber ich reise gerne um die Welt. Ich habe dabei viele Backpacker kennen gelernt, die sündhaft teure Marken- Rucksäcke auf dem Rücken hatten, die für mehrstündige Wandertouren im Amazonas- Becken bestens geeignet waren. Die meisten von diesen Backpackern haben mir glaubhaft versichert, dass sie nie am Amazonas waren und- schlimmer noch- auch gar keine Wandertouren unternehmen sondern den Rucksack nur einem Koffer- Trolley vorziehen, damit sie unterwegs die Hände frei haben.

Also habe ich überlegt, welche Mindestanforderungen an einen Trekking- Rucksack zu stellen sind und habe im Großhandel nach günstigen Modellen geschaut, die knapp ein Zehntel von dem gekostet haben, was Deuter, Tatonka & Co so nehmen.

Natürlich weiß ich, dass Deuter- Rucksäcke versiegelte Nähte haben, mit denen man eine Stunde durch den Monsun- Regen wandern kann, ohne dass die Funktionswäsche im Rucksack feucht wird, aber mal im Ernst: Wenn es regnet, stelle ich mich unter und warte, bis der Regen vorbei ist, aber ich wandere nicht stundenlang durch den Regen, nur um die Qualität meines Markenrucksacks auf die Probe zu stellen.

Was ich damit sagen will: Marken- Rucksäcke haben natürlich Qualitätsvorteile gegenüber No- Name- Rucksäcken und wer tatsächlich stundenlang mit Rucksack auf dem Rücken unterwegs ist, für den zahlt sich die Investition auch aus, aber wer den Rucksack nur zum Flughafen und vom Flughafen zum Hotel trägt, der ist mit einem No- Name- Rucksack zu einem Viertel des Preises auch gut bedient.

Inzwischen habe ich mir übrigens eine eigene Marke beim Markenamt gesichert und lasse die Rucksäcke nach meinen Vorstellungen direkt in China produzieren. Dazu in einem späteren Kapitel mehr.

Für einen ersten Blick empfehlen sich die Großhandelsplattformen Zentrada und auch Restposten.de, bei denen man über Treuhandkonten- Systeme auch abgesichert ist.

Zentrada ist vermutlich die größte Plattform für Händler mit Zigtausenden Angeboten aus allen denkbaren Branchen- überwiegend im No- Name- Bereich, aber in letzter Zeit verstärkt auch mit Lizenz- und Markenartikeln.

Die Basis- Mitgliedschaft ist kostenlos; man kann dann aber nur einen Teil der Angebote sehen, weil einige Großhändler nur an Premium- Mitglieder verkaufen. Die Premium- Mitgliedschaft kostet ca. 120 Euro netto im Jahr.

Auf Restposten.de gibt es keine kostenlose Mitgliedschaft, dafür ist die Jahresgebühr ab 69,99 Euro deutlich niedriger als bei Zentrada. Mit ein paar Extras ist man da aber auch schnell bei 100 Euro.

Wem das zu viel ist, der findet natürlich auch über einfache Google- Suchen zu den Webseiten von Großhändlern.

Zentrada mit seinem komfortablen Anfrage- und Warenkorbsystem verleitet einen schnell dazu, im Großhandel so einzukaufen, wie man es bei Ebay oder Amazon auch tut. Nämlich anonym bestellen, zahlen und auf die Ware warten.

Meine Erfahrung ist, dass im Großhandel viel mehr Wert auf direkten Kontakt gelegt wird und manche Großhändler fast enttäuscht reagieren, wenn man nicht noch irgendwie versucht, den Preis ein bisschen zu drücken.

Das trifft sicherlich nicht auf alle zu, aber viele der Großhändler, mit denen ich in meiner Anfangszeit zu tun hatte, haben sich bei Telefonaten viel Zeit genommen und sind auch immer noch ein bisschen vom Listenpreis runter gegangen oder haben freie Lieferung angeboten o.ä. Für den Großhändler lohnt sich eine solche Investition in die Zukunft, denn Neulinge im Geschäft bleiben treue Kunden, wenn man sie gut behandelt.

Also einfach mal anrufen, ein paar Fragen zu Produkten stellen, auch gar nicht versuchen, seinen Neulings- Status zu kaschieren; vielleicht gibt einem der Großhändler ein bisschen „Starthilfe".

Bei der Auswahl des Sortiments sollte man, wie gesagt, einen Bereich wählen, von dem man ein bisschen was versteht. Noch viel wichtiger ist aber, dass man mit dem Artikel auch Geld verdienen kann. Dazu sollten die Artikel idealer Weise folgende Anforderungen erfüllen:

- Der Artikel sollte verpackt nicht größer sein als Amazon- Standard- Maß, also nicht größer als 45 x 34 x 26 cm.
- Es sollte kein Elektro- Artikel sein. Neben der allgemeinen Fehleranfälligkeit gelten für Elektro- Artikel auch noch besondere

gesetzliche Bestimmungen, mit denen man sich als kleiner Online-Händler nicht rumärgern will.
- Der Verkaufspreis sollte irgendwo zwischen 15 und 40 Euro angepeilt werden.
- Der Einkaufspreis sollte nicht viel höher sein als ein Viertel, maximal ein Drittel des geplanten Verkaufspreises. Ein Artikel, den ihr für 20 Euro verkaufen wollt, darf deshalb nicht viel mehr als 5 Euro im Einkauf kosten.
- Vermeidet nach Möglichkeit Saisonartikel. Ski verkaufen sich nur drei Monate im Jahr gut…

Neben einer Einkaufsrecherche, bei der ihr schaut, wie günstig ihr eure Artikel einkaufen könnt, ist also unbedingt auch eine Verkaufsrecherche fällig.

Schaut euch also euer Marktumfeld an. Für wie viel verkaufen eure Mitbewerber ähnliche Artikel auf Ebay und Amazon und wie viele Artikel haben diese Mitbewerber schon verkauft? Wie ist deren Bewertungsprofil? Wie sehen die Produktrezensionen aus?

Ich hatte mal die grandiose Idee, mit Handtüchern und Bettwäsche zu handeln. Braucht jeder, läuft das ganze Jahr, hat eine geringe Fehleranfälligkeit, ist einfach herzustellen und daher vermutlich im Einkauf auch nicht allzu teuer.

Dummer Weise war ich nicht der erste mit dieser tollen Idee…

Es tummeln sich jede Menge richtig große Verkäufer mit fünfstelligen Verkaufszahlen für Handtücher und Preisen, bei denen man nicht mehr viel Gewinn machen kann. Der konventionelle Handel mit Handtüchern war also zwecklos. Möglicherweise hätte es in dem Bereich aber Nischen gegeben, wie z.b. Handtücher aus Bio- Baumwolle o.ä., mit denen man einen höheren Verkaufspreis hätte rechtfertigen können.

Ware selbst importieren

Wenn der Laden erst einmal zu laufen beginnt, ist das die zwangsläufige Weiterentwicklung. Das meiste, was im Internet so verkauft wird, wird in China hergestellt. Zugegeben, die Zeiten, in denen chinesische Firmen noch für eine Schüssel Reis produziert haben, sind lange vorbei. Die Vermittler in Fernost sind knallharte Geschäftsleute und wenn die erkennen, dass man ein Anfänger ist, wird man auch über den Tisch gezogen.

Trotzdem ist es so, dass der Großhändler die Ware, die ich von ihm beziehe, auch in China einkauft- und er verkauft sie mir mit einem satten Aufpreis weiter. Je mehr Zwischenhändler an einem Deal beteiligt sind, desto höher wird nun mal der Preis.

Wenn man also nach einer Zeit des Ausprobierens ein paar Produkte hat, die gut laufen, spricht vieles dafür, sich einen Hersteller in China zu suchen, der einem die Ware günstiger produziert.

Natürlich muss man dafür in eine neue Dimension vorstoßen, was die Stückzahlen angeht, denn die meisten Hersteller winken bei Anfragen von weniger als 1000 Stück schon müde ab. Dafür kann man eine Menge Geld sparen. Das Risiko bleibt überschaubar, denn wie bereits erwähnt, würde ich zunächst nur Artikel produzieren lassen, von denen ich weiß, dass sie laufen.

Ich würde natürlich einen Teufel tun und den Deal selbst abwickeln. Ich habe als Anfänger keine Ahnung von Preis- und Vertragsverhandlungen mit chinesischen Herstellern, kenne mich nicht aus mit Zollformalitäten und derlei Dingen und hätte viel zu viel Angst, dass ich am Ende einen Container mit Ziegelsteinen vors Haus gestellt bekomme.

Dafür gibt es unzählige Agenturen, die all diese Jobs für einen übernehmen.

Wie läuft also so ein Importdeal Schritt für Schritt ab?

Zunächst suche ich im Internet z.b. bei Alibaba nach Herstellern für das Produkt, das ich einkaufen möchte. Man kann auch einfach ein Warengesuch bei Alibaba einstellen und bekommt dann binnen 24 Stunden ca. ein Dutzend Angebote von Herstellern.

Mit diesen Basisinformationen wende ich mich nun an eine auf Warenimporte aus China spezialisierte Agentur. Kleine Mittelständler nehmen sich dabei oft mehr Zeit und kümmern sich besser um solche Kleinaufträge als die Großen der Branche.

Die Agentur checkt dann über die eigenen Kontakte vor Ort die Liste der Hersteller, die ich auf Alibaba gesammelt habe, auf Seriosität und holt selbst Angebote ein. Diese Angebote sind mitunter noch ein ganzes Stück günstiger als die, die dieselbe Firma mir auf Alibaba gemacht hat.

Sind die Anbieter seriös und die Angebote gut, lasse ich mir von ein oder zwei Herstellern Muster bauen. Die Kosten für diese Einzelproduktion werden bei einer späteren Auftragserteilung auf den Rechnungsbetrag angerechnet.

Die Bemusterung ist wichtig, weil das Muster der Maßstab für die Qualität ist, die ich von der Hauptlieferung erwarten kann.

Sind Preis und Muster zufrieden stellend, führt die Agentur die Vertragsverhandlungen. Man glaubt ja als Anfänger gar nicht, was es alles vertraglich zu regeln und zu beachten gilt. Von Gewährleistungen, Vertragsstrafen bei Lieferverzug über Qualitätskontrollen und Warenabnahme bis hin zu den Karton- Beschriftungen wird alles fein säuberlich geregelt.

Ist der Vertrag unterschrieben, leistet man als Auftraggeber eine Anzahlung von 30% des Rechnungsbetrages. Abgerechnet wird übrigens in US Dollar, was in Zeiten eines schwachen Euro kein Vergnügen ist.

Wenn man auf Nummer Sicher gehen will, kann man während der Produktion eine Inspektion durchführen lassen, um eventuelle Produktionsfehler rechtzeitig korrigieren zu können.

In jedem Fall wird eine solche Inspektion nach Fertigstellung durchgeführt. Der Inspektor geht also mit einem Katalog an Dingen, die er testen soll, in die Fabrik und prüft in der Regel 5% der Gesamtmenge. Treten Mängel auf, wird beraten, wie diese Mängel zu beheben sind.

Ich habe inzwischen schon einige Importe durchführen lassen und habe meist nur kleinere Mängel gehabt. Ein Mal waren die Plastik-Umverpackungen der einzelnen Produkte mit chinesischen Schriftzeichen verziert, was auf dem europäischen Markt natürlich blöd aussieht. Also haben die Hersteller die gesamte Produktion in neutrale Verpackungen umgepackt.

Ist die Inspektion beanstandungsfrei abgelaufen, schafft der Hersteller die Ware in den Hafen und übergibt die erforderlichen Import- Papiere an die Spedition, die von unserer Agentur mit dem Transport nach Deutschland beauftragt wird. Jetzt wird die Schlusszahlung von 70% fällig.

Bei der Kostenkalkulation ist wichtig zu wissen, dass man die Kosten ab Hafen China selbst trägt. Die ungefähren Gesamtkosten des Deals werden einem von der Agentur aber natürlich vor Auftragerteilung aufgelistet. Witziger Weise ist die Verschiffung von China nach Hamburg jedenfalls bei meinen Produkten meist billiger als die letzten paar Kilometer von Hamburg zu mir ins Lager.

Der Seeweg dauert ungefähr einen Monat, Löschen des Schiffes und Verzollung vielleicht noch mal eine Woche und dann stellt einem die Spedition eines Morgens den Container vor die Tür, für dessen Entladung man zwei Stunden Zeit hat.

Achtung: Bei der Einfuhr wird die 19%ige Einfuhrumsatzsteuer fällig, die bei einem entsprechenden Warenwert schon mal ziemlich hoch ausfallen kann. Man kann diese dann zwar bei der nächsten Vorsteueranmeldung geltend machen, aber erst mal muss man den Betrag auf den Tisch legen. Das muss man unbedingt beachten und eine entsprechende Liquiditätsreserve anlegen.

Darüber hinaus muss die Ware mit dem spezifischen Zollsatz, der von Produktgruppe zu Produktgruppe unterschiedlich ist, verzollt werden. Anders als die Einfuhrumsatzsteuer gibt's die Zollabgaben nicht zurück. Die Höhe des Zolls berechnet sich übrigens nach dem Zollwert, also dem Warenwert zuzüglich der Versand- bzw. Transportkosten bis zum ersten EU- Hafen.

Für die Berechnung der Einfuhrumsatzsteuer wird zum Zollwert noch die Zollabgabe sowie die innergemeinschaftlichen Transportkosten ins eigene Lager herangezogen.

Was ihr für den Warenimport unbedingt benötigt ist eine so genannte EORI- Nummer, die ihr beim Zoll beantragen könnt

(http://www.zoll.de/DE/Fachthemen/Zoelle/EORI-Nummer/Beantragung-einer-EORI-Nummer/beantragung-einer-eori-nummer_node.html)

Beim ersten Import beträgt die Zeitspanne von der Beauftragung der Agentur bis zur Lieferung an die eigene Haustür ca. sechs Monate. Das muss man unbedingt beachten, wenn man Saisonware einkauft!

Eine Agentur, die ich ohne Vorbehalte empfehlen kann, ist die Agentur Frisch aus Berlin. David Frisch ist ein Profi mit guten Kontakten in China und einem immer offenen Ohr für die dummen Fragen, die ich ihm als Anfänger so gestellt habe.

Natürlich ist das Investitionsvolumen eines Warenimports aus China deutlich größer als der Einkauf beim Großhändler, wo ich vielleicht mal 50 und mal 100 Stück von einem Artikel kaufe (am Anfang auch mal nur 10 oder 20 Stück). Bevor man sich an einen Direktimport macht, braucht man unbedingt eine gewisse Sortimentssicherheit, damit man nicht auf einem Container unverkäuflicher Ware sitzen bleibt.

Wenn man diese Sicherheit aber hat, spart man Geld und man verkauft das Produkt exklusiv. Auf einer EAN konkurrenzlos verkaufen zu können, ist bei Amazon ein Jackpot.
Nun ist allerdings auch der Zeitpunkt, an dem ihr euch über Lagerhaltung und deren Kosten Gedanken machen müsst und diese Kosten in eure Kalkulation mit einbeziehen müsst.

Rechtstipp

Wenn ihr Ware in die Europäische Union importiert, seid ihr der „Inverkehrbringer" und haftet wie ein Hersteller, müsst also die kleinen und großen Verpflichtungen erfüllen, die euch als Abnehmer beim Großhändler egal sein können.

Ein Beispiel ist die Kennzeichnungspflicht nach dem Produktsicherheitsgesetz, die besagt, dass an jedem Produkt Name und Adresse des Herstellers (also eure Daten) fest angebracht sein müssen – ein Aufkleber an der Umverpackung reicht also nicht aus. Bei Textilien muss dazu noch ein so genannter Waschzettel mit Hinweisen zu Materialzusammenstellung und Waschhinweisen angebracht sein (kennt man von seinen Klamotten).

Verlasst euch nicht darauf, dass der chinesische Hersteller das schon wissen und von selbst richtig machen wird. Macht er nicht! Ihr seid dafür verantwortlich, dass diese Regularien eingehalten werden.

Verkaufskanäle

Nachdem wir nun also den Keller voller Ware haben, machen wir uns endlich ans Verkaufen. Wir schauen uns dazu nun die wichtigsten Verkaufskanäle im Internet- Handel an. Das sind im Einzelnen:

- Amazon
- Ebay
- Hood.de
- Andere Marktplätze
- Eigener Webshop
- International verkaufen

Verkaufen bei Amazon

Wenn man mit dem Verkauf von Waren im Internet Geld verdienen will, kommt man kaum am Platzhirsch Amazon vorbei- auch wenn der Marktplatz so seine Tücken und Ärgernisse hat, kann man hier in einem überschaubaren Zeitraum relevante Umätze erzielen.

Was man zum Handeln auf Amazon als Erstes benötigt, ist ein Konto im Amazon Sellercentral. Hierzu geht man auf https://sellercentral-europe.amazon.com/gp/homepage.html und registriert sich.

Ein Amazon- Verkäuferkonto ist übrigens ein „Once- in- a- lifetime"- Konto. Anders als bei Ebay, wo man beliebig viele Accounts erstellen kann, kann ich unter meinem Namen nie wieder ein Amazon- Verkäuferkonto erstellen, wenn ich einmal gesperrt wurde. Also aufpassen und immer schön die Regeln einhalten.

Für die Anmeldung benötigt man neben einem Gewerbenachweis ein Bankkonto und eine Kreditkarte. Auch ein Unterschied zu Ebay, wo ich bei keinem meiner vier gewerblichen Accounts je nach einem Gewerbeschein gefragt wurde oder meine Identität überprüft wurde. Ich vermute, das liegt daran, dass Amazon im Gegensatz zu Ebay über eine europäische Banklizenz verfügt, die es dem Unternehmen erlaubt, den Geldverkehr für den Verkäufer abzuwickeln. Inhaber einer solchen Banklizenz sind stärker dazu verpflichtet, die Identität seiner Kunden zu überprüfen.

Ebay hatte vor ein paar Jahren einmal die Idee, es Amazon gleichzutun und die Zahlungsabwicklung über die damals noch zum eigenen Konzern gehörende Tochter Paypal abzuwickeln und die Einnahmen, ähnlich wie Amazon, alle zwei Wochen an die Verkäufer auszuzahlen.

Ebay scheiterte damals mit diesem Versuch, weil sie eben nicht über eine europäische Banklizenz verfügten und haben diesen Versuch seither auch nicht wieder aufleben lassen.

Man hat bei Amazon grundsätzlich zwei Optionen für den Verkauf:

1. als Einzelverkäufer ohne monatliche Grundgebühr
2. als Power- Anbieter mit einer monatlichen Grundgebühr von knapp 40 Euro

Machen wir es kurz: Will man den Handel auf Amazon ernsthaft betreiben, muss man sich als Power- Anbieter registrieren. Ansonsten wird man über monatliche Umsätze im niedrigen dreistelligen Bereich nicht hinaus kommen. Nur als Power- Anbieter kann man eigene Produkte anlegen und hat die Chance, als Verkäufer im Einkaufswagenfeld, der so genannten Buy Box, zu erscheinen- ein Privileg, das die Kaufwahrscheinlichkeit um ca. 80% erhöht.

Nach erfolgreicher Registrierung kann man sich daran machen, Produkte zum Amazon- Katalog hinzuzufügen. Da der Verkauf bei Amazon

EAN/GTIN- basiert ist, benötigt man zum Einstellen von Produkten zwingend die EAN des Produktes, das man verkaufen möchte. Die EAN hat meist 13 Ziffern und findet sich unter dem Barcode, der auf der Verpackung in der Regel aufgedruckt ist.

Damit sind wir schon bei der ersten Amazon- typischen Besonderheit, denn man verkauft seine Produkte nicht exklusiv sondern steht in unmittelbarer Konkurrenz zu allen anderen Verkäufern, die das gleiche Produkt mit der gleichen EAN anbieten. Diese Anbieter sind fein säuberlich nach dem Preis sortiert auf der Produktseite bei Amazon aufgelistet.

Kleine Preisfrage: Wie groß ist die Wahrscheinlichkeit, dass ein Käufer sein Wunschprodukt bei einem anderen als dem billigsten Anbieter kauft?

Richtig, ziemlich genau gleich Null.

Deshalb ist es zwar leicht gesagt, aber dennoch ungemein wichtig, dass man sich eine Nische sucht, die zu klein ist, um für die großen Händler interessant zu sein, aber groß genug, um davon einigermaßen leben zu können. Wir kommen später noch auf eine Möglichkeit zurück, mit welchen Tricks man sich diese Nische noch ein bisschen verbreitern kann.

EXKURS: Rechtssicher verkaufen

Deutschland ist ein gut reguliertes Land, in dem der Verbraucherschutz einen hohen Stellenwert hat. Das ist die positive Formulierung für eine ganze Reihe von rechtlichen Fallstricken, die den unbedarften und unerfahrenen Neulingen im Online- Handel auflauern. So gibt es eine Unmenge von Informationspflichten und Verbraucherrechten, die eingehalten werden müssen.

Die wichtigsten Dinge, die man vor Verkaufsstart auf die Reihe bekommen muss, sind:

1. Widerrufsbelehrung
2. Allgemeine Geschäftsbedingungen
3. Datenschutzerklärung
4. Bestimmungen zu Zahlung und Versand
5. Impressum und gesetzliche Anbieterkennung

Für alle dieser vorgenannten Rechtstexte gibt es genaue Bestimmungen, was erlaubt, was erforderlich und was verboten ist. Vieles erschließt sich durch gesunden Menschenverstand, aber nicht alles. Deshalb ist es dringend angeraten, hier auf bewährte und im Internet frei verfügbare aktuelle Mustertexte zurück zu greifen.

Das Zauberwort ist hierbei „aktuell", denn die Rechtstexte müssen immer mal wieder an neue Rechtsprechung oder Gesetzesänderungen angepasst werden. Es reicht also nicht, einmal einen rechtskonformen Text zu erstellen sondern man muss up to date bleiben, was neue rechtliche Entwicklungen angeht.

Mal ein Beispiel: In seinem eigenen Webshop war es bis vor ein paar Jahren üblich, in den AGB eine Formulierung zu verwenden, die in etwa besagte, dass der Verkäufer mit dem Anbieten von Produkten kein rechtsverbindliches Verkaufsangebot unterbreite und ein Kaufvertrag erst zu Stande käme, wenn der Käufer einen Kauf durchführt und der Verkäufer dann dieses Angebot, ein Produkt zu kaufen, annimmt.

Warum der ganze Zirkus? Das hatte mit Schadensersatzansprüchen zu tun, die entstehen können, wenn ich als Verkäufer einen Artikel anbiete, den ich dann gar nicht vorrätig habe.

Kauft also ein Käufer einen Artikel, den ich gerade nicht vorrätig habe, bin ich gegenüber dem Kunden schadensersatzpflichtig. Dieser Pflicht hat man entgegen zu wirken versucht, indem man in seine AGB eben diese Klausel aufgenommen hat, dass der Kaufvertrag erst zu Stande kommt, wenn ich als Verkäufer den Kauf bestätige.

Nun hat der Bundesgerichtshof diese Klausel in AGB aber vor einigen Jahren kassiert und festgestellt, dass Verkäufer sehr wohl an ihr Verkaufsangebot gebunden seien – mindestens dann, wenn sie dem Käufer eine sofortige Bezahlmethode anbieten (wie z.B. Paypal).

Da im Online- Handel jeder Verkäufer Sofort- Bezahlmethoden anbietet, musste also auch jeder Online- Händler diese AGB- Klausel aus seinen Rechtstexten entfernen. Wer diese unwirksame Klausel weiterhin verwendet, begeht einen Wettbewerbsverstoß, der abgemahnt werden kann.

Ich weiß, wie sehr es schmerzt, gerade in der Anfangszeit mit wenig Kapital Geld für Dinge auszugeben, deren Sinn sich einem nicht vollständig erschließt, aber ggf. ist hier rechtlicher Beistand gut angelegtes Geld. Ich bin relativ schnell in den Händlerbund eingetreten (http://haendlerbund.de), der einem nicht nur rechtssichere Texte und deren laufende Aktualisierung zur Verfügung stellt sondern einen auch bei Abmahnungen durch Abmahnanwälte und andere üble Zeitgenossen vertritt.

Das Geld, das man einem Anwalt wegen einer falschen Formulierung in der Widerrufsbelehrung zahlen müsste, reicht für ein paar Jahresbeiträge im Händlerbund.

Noch ein Beispiel: Seit Januar 2016 ist jeder Online- Händler dazu verpflichtet, seine Kunden darauf hinzuweisen, dass die EU eine Online-

Schlichtungsstelle eingerichtet hat. Unterlässt man diesen lebensnotwendigen Hinweis, begeht man einen Wettbewerbsverstoß, der von Mitbewerbern oder Verbraucherschutzverbänden abgemahnt werden kann. Die Anwaltsgebühren, die man dann wegen dieses frevelhaften Unterlassens begleichen muss, gehen schnell ins Vierstellige.

Ganz ehrlich: Hätte mich der Händlerbund nicht darauf hingewiesen, wüsste ich vermutlich bis heute nichts von der Existenz dieser Schlichtungsstelle.

Bei Amazon werden die Rechtstexte im Sellercentral unter „Einstellungen – Ihre Informationen und Richtlinien" hinterlegt, so dass sie automatisch dem Kunden angezeigt werden.

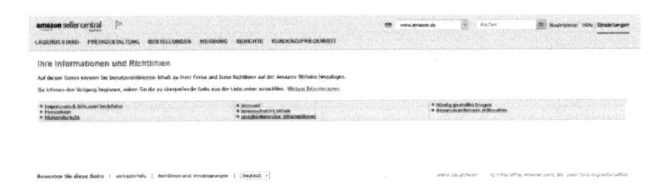

Bei Ebay finden sich die Rechtstexte im Verkaufsmanager Pro unter „Ebay- Konto – Einstellungen – Einstellungen für gewerbliche Verkäufer - Rechtliche Informationen des Verkäufers auf der Artikelseite".

EAN- basiertes Einstellen der Produkte

Das Verkaufen auf Amazon gleicht oft dem Hase/Igel- Spiel. Man legt einen Artikel an, bietet ihn vielleicht zunächst ein bisschen günstiger an, um ihn bei Amazon über eine schnell steigende Zahl von Verkäufen in den Suchergebnissen nach oben zu bekommen und wenn man das Angebot dann ordentlich am Laufen hat und anfängt, Geld mit dem Artikel zu

verdienen, kommt irgendein anderer Anbieter, hängt sich auf mein
Angebot drauf und verkauft den Artikel für einen Euro billiger.

Das Problem ist, dass Amazon diesen Wettbewerb unter den Händlern mit
der so genannten Buy Box weiter befeuert.

EUR 39,95 + GRATIS Lieferung
innerhalb Deutschlands
Auf Lager. Verkauft von **NORMANI**

Menge: 1

In den Einkaufswagen

1-Click-Bestellungen aktivieren

Der Verkäufer, der in der Buy Box auftaucht, hat natürlich die besten
Chancen, dass der Interessent den Artikel bei ihm kauft, denn kaum ein
Kunde macht sich die Mühe, sich die Liste aller Verkäufer für diesen
Artikel anzuschauen und dort vielleicht noch nach einem günstigeren
Anbieter zu suchen. Stattdessen vertrauen die meisten Kunden der
Vorauswahl von Amazon und kaufen bei dem Verkäufer in der Buy Box.

Die Buy Box wird von Amazon nach verschiedenen Kriterien vergeben.
Das wichtigste Kriterium ist dabei der Preis. Daneben fließen aber auch
noch so genannte Performance- Kriterien in die Entscheidung ein. Wie
viele Bewertungen hat der Verkäufer und wie gut sind diese? Wie schnell
ist die Bearbeitungszeit der unterschiedlichen Verkäufer? Bieten einzelne
Verkäufer Versand durch Amazon an (dann kann man selbst bei einem
etwas höheren Verkaufspreis die Buy Box gewinnen)?

Als neuer Verkäufer ohne viele Bewertungen und ohne Versand durch
Amazon bleibt einem am Ende aber doch vor allem der Preis.

Und schon ist der Preiskampf eröffnet. Ich habe hier als Verkäufer nur die Wahl zwischen Igitt und Pfuibäh: Ich kann dem anderen Anbieter das gut laufende Angebot kampflos überlassen und er verdient dann gutes Geld damit oder ich steige in den ruinösen Preiskampf ein, bei dem es am Ende keinen Gewinner gibt.

Unterbiete ich den anderen Anbieter um 10 Cent, wird er nachziehen und mich seinerseits wiederum unterbieten. Ich habe das Spielchen an Dutzenden Angeboten beobachtet und grotesk wird es, wenn noch mehr Verkäufer mitbekommen, dass dort ein Artikel gut nachgefragt ist und sich ebenfalls auf das Angebot draufhängen.

Am Ende gewinnt immer der, der den günstigsten Einkaufspreis hat und das ist oft genug ironischer Weise der eigene Großhändler, der sich im Einzelhandel noch was dazu verdienen möchte.

Dieser Konkurrenzkampf ist im Übrigen von Amazon nicht nur gewünscht sondern wird vom Hausherren auch noch zusätzlich befeuert. Amazon lädt Verkäufer mit ähnlichem Sortiment nämlich per Mail ein, doch diesen oder jenen stark nachgefragten Artikel auch zu verkaufen.

So hält Amazon die Preise auf seiner Plattform zum Vorteil des Käufers niedrig. Und wenn ein Artikel richtig gut läuft, dann stellt Amazon ihn selbst her und verkauft ihn einfach selbst.

Ist es ein Markenartikel drängt Amazon Verkäufer auch gerne ins eigene Vendor- Programm, in dem man als Marktplatz- Verkäufer dann zum Lieferanten von Amazon wird. Das garantiert zwar zunächst einmal hohe Volumina, doch ist Amazon natürlich in den Vorgaben für Lieferanten knallhart und diktiert Preise und Liefertermine nach Belieben.

Darüber mag man lamentieren, aber so funktioniert Marktwirtschaft nun mal. Amazon nutzt seine Verkäufer für Marktstudien. Die Verkäufer testen, was gut läuft und Amazon übernimmt dann einfach den Verkauf.

Gibt es denn überhaupt keine Möglichkeit, sich diesem ruinösen Wettbewerb zu entziehen?

Doch, die gibt es.

Exkurs: Markenrecht

Des Rätsels Lösung liegt im deutschen (und europäischen) Patent- und Markenrecht. Grundsätzlich herrscht in Deutschland zwar Gewerbefreiheit. Jeder darf also erst einmal alles verkaufen. Die Grenze liegt da, wo die Rechte anderer berührt werden.

Ein einfaches Beispiel, das jedem einleuchtet: Wenn ich ein gefälschtes Adidas T- Shirt verkaufe, mache ich mich strafbar, denn die Firma Adidas hält das Recht an dieser eingetragenen Marke. Unter dem Namen Adidas dürfen also nur Artikel verkauft werden, die auch von Adidas hergestellt wurden.

Das gilt grundsätzlich für jede eingetragene Marke- unabhängig vom Bekanntheitsgrad oder der Popularität. Ich habe also auf der Webseite des Patent- und Markenamtes nach Wortschöpfungen gesucht, die eingängig sind, einen Bezug zu meinem Sortiment haben und- am wichtigsten- noch nicht als Marke eingetragen sind.

Wer schon mal nach einer knackigen Domain im Internet gesucht hat, die noch frei ist, weiß, wie schwer das ist.

Einsteigerrecherche

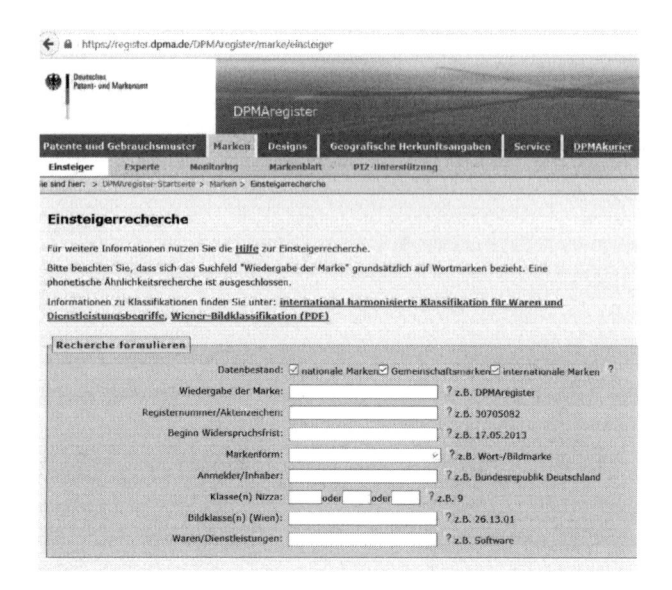

Für weitere Informationen nutzen Sie die Hilfe zur Einsteigerrecherche.

Bitte beachten Sie, dass sich das Suchfeld "Wiedergabe der Marke" grundsätzlich auf Wortmarken bezieht. Eine phonetische Ähnlichkeitsrecherche ist ausgeschlossen.

Informationen zu Klassifikationen finden Sie unter: **internationale harmonisierte Klassifikation für Waren und Dienstleistungsbegriffe, Wiener-Bildklassifikation (PDF)**

Es ist übrigens durchaus möglich, eine existierende Marke anzumelden, wenn man etwas ganz anderes unter diesem Namen verkaufen möchte als der Rechteinhaber. Dafür gibt es die so genannte Nizza-Klassifizierung, nach der Waren in verschiedene Kategorien eingeteilt sind. Bei der Anmeldung einer Marke kann man sich die Markenrechte im Basispaket für drei Kategorien sichern. Da jede Kategorie einen ganzen Batzen von einzelnen Produkten umfasst, ist man mit einer eingetragenen Marke in einem sehr großen Segment erst einmal auf der sicheren Seite.

Ich habe mir schließlich die Wortmarke „Campito" gesichert. Unter diesem Namen darf nun also nur ich Taschen, Rucksäcke, Zelte, Schlafsäcke, Moskitonetze und eine ganze Menge anderen Kram verkaufen.

Ich habe also alle Artikel, die ich aus China importiert habe, mit einem schicken Campito- Logo versehen. Wenn ich nun ein Angebot für eines meiner Produkte bei Amazon gut platziert bekomme, kann kein Verkäufer mehr kommen und seine möglicherweise ähnlich aussehenden Produkte für einen Euro weniger anbieten. Ich gehe also mit einer eigenen Markenstrategie der Konkurrenz auf Amazon aus dem Weg.

Die Anmeldegebühr für die Eintragung einer Marke beträgt ca. 300 Euro.

Das Procedere klingt zunächst einmal vielleicht leichter als es ist. Tatsächlich muss man sehr genau recherchieren, ob ein Begriff vielleicht schon geschützt ist, ob es vielleicht eine ähnliche Marke gibt, die älter ist und ähnliches Sortiment verkauft.

Inhaber von existierenden Marken reagieren sehr nervös auf Neuanmeldungen, bei denen eine Verwechslungsgefahr mit der eigenen Marke bestehen könnte. Man gerät da schnell in rechtliche Auseinandersetzungen, die viel Geld kosten können.

Neben der Frage, ob es die Marke so oder ähnlich schon gibt, muss man bei der Recherche auch kritisch prüfen, ob es sich tatsächlich um eine originäre Wortschöpfung handelt, die neu ist. Allgemeine Wörter oder Ortsbezeichnungen sind zum Beispiel nicht schutzfähig.

Meldet man schließlich eine Marke an, prüft das Deutsche Patent- und Markenamt, ob die angegebene Marke grundsätzlich schutzfähig ist. Es prüft aber nicht, ob es diese Marke schon so oder ähnlich gibt. Diese Recherche muss man, wie gesagt, selbst erledigen. Sonst hat man im Zulassungsverfahren schnell einen Widerspruch von einem Markenrechtsinhaber und anwaltliche Post mit einer Unterlassungserklärung.

Eine Basis- Rechtsberatung zu markenrechtlichen Fragen bekommt man als Unlimited- Mitglied des Händlerbundes kostenlos.

Man kann neben der Herstellung eigener Ware unter einer eigenen Marke natürlich auch eine Light- Version wählen und die Großhandels- Ware mit einer eigenen EAN/GTIN versehen und sie dann bei Amazon als neues Produkt einstellen.

Die Chancen, damit langfristig durchzukommen, sind allerdings gering, denn erstens mag Amazon das nicht und legt Angebote, von denen sie den Verdacht haben, es könnte sich um identische Artikel handeln, einfach zusammen.

Die zweite Gefahr ist, dass die konkurrierenden Verkäufer von dem Erstangebot sich auch einfach auf dein zweites Angebot mit deiner EAN dranhängen, denn die EAN verschafft einem kein exklusives Recht, einen Artikel zu verkaufen.

Wenn es also dumm läuft, hat man Geld für eigene EAN's investiert, womöglich eigene Produktfotos anfertigen lassen und ein Angebot strategisch gut hochgezogen und dann kommt die Konkurrenz und unterbietet dich wieder um einen Euro.

EAN's bzw. GTIN's bekommt ihr übrigens bei der offiziellen Vergabestelle GS1. Das Basispaket mit 1000 EAN's kostet 230 Euro netto Bereitstellungsgebühr zuzüglich einer jährlichen Nutzungsgebühr, die vom eigenen Jahresumsatz abhängig ist. Die meisten werden in die unterste Kategorie mit bis zu 5 Mio. Euro Jahresumsatz fallen und dann 150 Euro netto jährlich zahlen.

Es gibt Anbieter von EAN's, die einem Pakete für einen günstigeren Preis und ohne Jahresgebühr anbieten. Im schlechtesten Fall handelt es sich hier um Betrüger und das Geld ist futsch.

Normalerweise funktionieren diese EAN's, technisch gesehen, durchaus. Manchmal sind es EAN's mit einem anderen Ländercode oder es sind alte Kontingente, die aufgekauft wurden, bevor die GS1 auf das Abo- Modell umgestellt hat.

Ob die Verwendung von solchen EAN's legal ist, kann ich nicht abschließend beantworten. Es kursieren immer wieder Schauermärchen, Amazon hätte eine Software entwickelt, die solche EAN's erkennt und die Angebote ohne Vorwarnung löscht. Ob das tatsächlich schon mal passiert ist, kann ich nicht sagen.

Inzwischen gibt es ein Urteil, nach dem das Anlegen von neuen Angeboten für denselben Artikel unter einer neuen EAN nicht nur gegen die Richtlinien von Amazon verstößt sondern sogar einen abmahnfähigen Wettbewerbsverstoß darstellen kann.

Käufer, so die Begründung des Gerichts, würden davon ausgehen, dass es für jeden Artikel nur genau ein Angebot auf Amazon gäbe. Stellt man einen identischen Artikel unter einer eigenen EAN noch mal ein, täuscht man damit also vor, dass es diesen Artikel nur unter diesem Angebot zu kaufen gibt. Der Käufer unterlässt dann im Vertrauen auf den Amazon-Produktkatalog möglicherweise die weitere Suche nach günstigeren Anbietern. So verschafft man sich einen rechtswidrigen Wettbewerbsvorteil, der kostenpflichtig abgemahnt werden kann.

Viele Verkäufer versuchen das Problem dadurch zu umgehen, indem sie einfach Produktbundles anbieten, also zu dem eigentlichen Hauptprodukt noch ein Zubehör o.ä. dazupacken, um dann also wieder ein einzigartiges Produkt im Amazon- Katalog zu haben.

Dieses Vorgehen ist grundsätzlich zulässig, wenn das zusätzliche Gimmick nicht zu geringwertig ist und einen thematischen Bezug zum Hauptprodukt aufweist. Es reicht also nicht, zu einem 100- Euro- Koffer ein 10- Cent- Werbefeuerzeug dazuzupacken und dies dann als Bundle zu verkaufen, aber ein hochwertiges Kofferschloss zum Koffer könnte ein erlaubtes Bundle sein.

Amazon sieht Bundles allerdings immer etwas kritisch und ermuntert die Verkäufer eher dazu, die Produkte einzeln anzubieten.

Wie funktioniert das Ranking in der Amazon- Suche?

Zurück zu Amazon: Nachdem ich mich nun also in meinen Angeboten mit meiner eigenen Marke frei bewegen kann, wollen wir ein paar Gedanken daran verschwenden, wie man sein Angebot in den Suchergebnissen höher platziert.

Vorab: Das ist eine Wissenschaft für sich. Ich habe in Thailand mal zufällig einen Software- Entwickler in einer Kneipe getroffen, der in Kalifornien für die Firma arbeitet, die den Algorithmus für die Amazon- Suchmaschine pflegt und weiter entwickelt. Auch der konnte mir nicht genau erklären, welche Variablen mit welchem Gewicht in das Ranking des eigenen Angebots einfließen.

So ein paar allgemeine Weisheiten sind aber bekannt und die helfen auch schon ein wenig weiter, um das Ranking zu verbessern.

Das Auffälligste dabei: Der Preis ist gar nicht das entscheidende Kriterium. Man muss also nicht unbedingt immer den Preis senken, um das Ranking eines Angebots zu verbessern. Vielmehr ist der Preis nur eine von einer Reihe von Variablen, die für das Ranking eine Rolle spielen.

Eine zentrale Rolle spielen die Keywords, für deren Platzierung man bei Amazon drei Felder zur Verfügung hat: Den Titel, die Bulletpoints sowie die Schlüsselwörter. Die Artikelbeschreibung ist nicht keyword- relevant, wird also von Amazon für das Ranking nicht berücksichtigt.

Der Titel hat die höchste Relevanz; hier gilt es also, möglichst viele Keywords unterzubringen, ohne den Lesefluss komplett lahm zu legen. Man muss sich hier also genau überlegen, nach welchen Begriffen oder Produkteigenschaften potentielle Kunden wohl suchen.

In den Suchergebnissen für eine bestimmte Suchanfrage erscheint das eigene Angebot nur, wenn alle Keywords aus der Suche auch in meinem Angebot vorhanden sind.

Hierzu kann man auch mal bei der Konkurrenz abgucken. Schaut euch die erste Seite der Suchergebnisse zu eurer Produktkategorie an und macht euch eine Liste der in diesen Angeboten verwendeten Keywords, die auch auf euer Produkt zutreffen könnten. Schaut euch auch die Aufzählungspunkte der am besten gerankten Ergebnisse an und vermerkt auch die hier verwendeten Schlüsselbegriffe.

Im Titel ist es wichtig, den Artikel möglichst detailliert zu beschreiben. Kunden suchen sehr speziell und nicht nach Oberbegriffen. Wer nach roten Pumps mit Lederriemen sucht, der gibt in das Suchfeld nicht „Damenschuh" ein. Wenn man also mit Pumps handelt und diese auffällige Applikationen oder Produkteigenschaften haben, ist es wichtig, diese auch im Titel unterzubringen. So wird das eigene Produkt für die Suchanfrage nach roten Pumps zu einem relevanten Suchtreffer und entsprechend hoch gerankt.

Aktuell hat man als Verkäufer bei Amazon noch 500 Zeichen Platz für den Titel; Amazon beginnt aber damit, den Platz hier auf 250 Zeichen zu halbieren. Das ist aber immer noch eine Menge Platz den man möglichst komplett ausreizen sollte.

Keywords zählen übrigens nur ein Mal. Statt denselben Begriff zweimal zu verwenden, sollte man sich also Synonyme überlegen. So kann eine Sporttasche z.B. auch eine Reisetasche, Tennistasche, Tauchtasche, Fitnesstasche, Gym Bag usw. sein.

Der zweitwichtigste Platz für die Unterbringung seiner Schlüsselwörter sind die Aufzählungspunkte („Bullet points"), von denen es fünf gibt, die jeweils je 250 Zeichen erlauben. Diese tauchen auf der Artikelseite relativ prominent unter dem Titel und neben den Bildern auf.

Reisetasche Jumbo Big-Travel design Dream mit Rollen riesige XXL von normani®
von Normani
☆☆☆☆☆ ▾ 3 Kundenrezensionen

Preis: EUR 39,95 **GRATIS Lieferung innerhalb Deutschlands.**
Alle Preisangaben inkl. USt

Auf Lager.
Lieferung 7. - 9. Dez., wenn Sie **Standardversand** an der Kasse wählen. Siehe Details.
Verkauf und Versand durch NORMANI. Für weitere Informationen, Impressum, AGB und Widerrufsrecht klicken Sie bitte auf den Verkäufernamen.

Farbe: **Schwarz / 150 Liter**

Größe: **XXL**

- versenkbarer Trolleygriff und große Laufrollen ermöglichen leichten Transport der Tasche
- wasserabweisendes und reißfestes Obermaterial aus reißfestem 600D Nylon
- geräumiges Hauptfach und diverse Nebenfächer bieten ausreichend Stauraum
- verstärkter Boden mit Gummifüßen sorgt für sicheren Stand
- große Öffnung durch umlaufenden Reißverschluss

Die Amazon- Suchmaschine misst den hier verwendeten Begriffen ebenfalls eine hohe Bedeutung für das Ranking zu. Also gehören hier Detail- Suchwörter zu bestimmten Eigenschaften rein, die man im Titel nicht unterbekommen hat. Wie schon gesagt: Möglichst auf Wiederholungen von Schlüsselwörtern verzichten und lieber Synonyme suchen.

In dem Screenshot kann man übrigens noch zwei Performance- Elemente erkennen, die Einfluss auf das Ranking haben und die wir uns weiter unten noch genauer anschauen werden: Das Variantendesign eines Angebots, das hier besonders exzessiv ist und das Bewertungsprofil bzw. die Produkt- Rezensionen.

Der dritte Bereich mit suchmaschinen- relevanten Keywords sind die „Schlüsselbegriffe"; Amazon bietet hier zwei Bereiche an: die allgemeinen Schlüsselbegriffe und die so genannten Platin- Schlüsselbegriffe, die suggerieren, dass das hier platzierte besondere Relevanz hätte.

Tatsächlich gehen Amazon- Algorithmus- Astrologen aber davon aus, dass die Platin- Schlüsselwörter für die Suche irrelevant sind. Wichtig hingegen sind die allgemeinen Schlüsselwörter.

Beobachter der Szene gehen sogar davon aus, dass die allgemeinen Schlüsselwörter inzwischen wichtiger sind als die Aufzählungspunkte („bullet points").

In jedem Fall ist es aber eine gute Idee hier alles rein zu schreiben, was man bisher noch nicht in einem der anderen beiden Bereiche untergebracht hat. Da die Schlüsselbegriffe für die Benutzer auch nicht sichtbar sind, kann man hier auch umgangssprachliche Bezeichnungen unterbringen, die man nicht in eine Beschreibung schreiben würde.

Vermeiden sollte man Versuche, durch die unsichtbaren Schlüsselwörter seine Produkte sichtbarer zu machen, indem man beliebte Suchbegriffe angibt, die nichts mit dem eigenen Artikel zu tun haben, z.B. populäre Markennamen. Das erzürnt nicht nur die Kunden, die nach einer Adidas-Sporttasche suchen und dann etwas ganz anderes in den Suchergebnissen angezeigt bekommen, sondern auch Amazon, die auf solche Form der Kundentäuschung äußerst empfindlich reagieren.

Da die eigentliche Produktbeschreibung für das Ranking unerheblich ist, kann man hier ein bisschen bunt erzählen und den Mehrwert, den der eigene Artikel bietet, in der Sprache der Zielgruppe ausmalen. Stichworte dazu können Freiheit, Abenteuer, Sicherheit o.ä. sein.

Auf keinen Fall sollte man in der Artikelbeschreibung einfach noch mal die Bullet Points abarbeiten.

Zu beachten ist auch, dass die Beschreibung grundsätzlich unformatiert, also ohne Absätze, Einrückungen, Aufzählungen o.ä. hintereinander weg angezeigt wird. Das lässt sich entweder mit Listing- Programmen beheben oder mit ein paar einfachen HTML- Befehlen, die von Amazon akzeptiert werden wie die <p> und </p> Befehle für Absätze zum Beispiel.

Ob der Markenname ein Rankingfaktor ist, ist umstritten. Fakt ist, Amazon fragt den Markennamen ab und ist es sicher sinnvoll, diesen dann auch einzugeben. Wenn ihr eine eigene Marke habt, müsst ihr diese natürlich unbedingt angeben, weil euch eure eigene Marke davor schützt, dass andere Verkäufer eure Angebote hijacken können.

Es ist übrigens beliebt geworden zu versuchen, auch markenlose Produkte aus dem Großhandel einfach mit dem eigenen Markennamen zu versehen, um sich die Konkurrenz auch bei Nicht- Markenartikeln vom Hals zu halten.

Das dürfte maximal so lange gut gehen, bis mal ein Mitbewerber einen Testkauf durchführt und feststellt, dass der Artikel ja gar nicht von der entsprechenden Marke ist…

Nicht mit unmittelbarem Einfluss auf das Ranking, aber dennoch wichtig für den Kauferfolg sind die Produktbilder, von denen man wenigstens drei pro Artikel einstellen sollte. Idealer Weise haben diese Abmessungen von mindestens 1000 Pixeln auf der kurzen Seite, damit die bei Kunden beliebte Zoom- Funktion aktiviert ist.

Amazon blendet in vielen Kategorien Angebote aus, wenn die Haupt- Produktbilder nicht freigestellt sind, also keinen weißen Hintergrund haben. Verkäufer- Logos oder Wasserzeichen sind ebenfalls verboten.

Ich habe am Anfang, wie vermutlich die meisten Neulinge, nicht den Wert von qualitativ hochwertigen Fotos erkannt und gedacht, ich könne mir das Geld für einen professionellen Produktfotografen sparen und einfach selbst ein paar Fotos der Produkte vor einer weißen Wand knipsen. Das absehbare Ergebnis waren miese Verkaufszahlen.

Professionelle Fotos sind daher absolute Voraussetzungen, mindestens für die Hauptfotos. Ein Detailfoto kann man im Notfall mal selbst machen.

Wenn ihr im Großhandel einkauft, fragt den Großhändler einfach mal, ob ihr seine Fotos verwenden dürft. Wichtig: Immer fragen, nicht einfach von der Seite des Großhändlers kopieren und verwenden. Das ist Urheberrechtsverletzung und kann zu Strafzahlungen von um die 1000 Euro führen – je Foto wohlgemerkt.

Neben den Keywords wird das Ranking, wie oben schon gesagt, durch die Performance- Faktoren beeinflusst. Hier zählen Dinge wie kurze Bearbeitungszeiten, Fulfilment by Amazon und der Bewertungsstand. Wie gesagt, Amazon will seinen Kunden die Artikel anzeigen, bei denen die Kaufwahrscheinlichkeit und die Kundenzufriedenheit am Höchsten ist. Wenn der Artikel binnen eines Tages von einem Verkäufer versendet wird, der 100% positive Bewertungen hat, ist diese Wahrscheinlichkeit höher als wenn man 3 Tage Bearbeitungszeit angibt und eine Reihe negativer Bewertungen auf dem Kerbholz hat.

Da Amazon sich selbst am meisten vertraut, sind die von Amazon verkauften oder zumindest versendeten Artikel immer besser gerankt als vom Verkäufer selbst bearbeitete Bestellungen.

Lässt man seine Ware durch Teilnahme an dem Programm „FBA – Fulfillment by Amazon" durch Amazon an den Kunden versenden, qualifizieren sich die eigenen Angebote für Prime. Die Prime- Kunden von Amazon sind eine besonders kaufaktive Kundschaft, die natürlich beim Einkauf auch auf das Prime- Logo achtet und bevorzugt Prime- Artikel kauft.

Mittlerweile gibt es zwar auch ein Programm „Prime durch Händler", doch sind Kosten und Aufwand gerade für neue Verkäufer deutlich höher als bei der Teilnahme an FBA. Mehr zu FBA gibt es in einem späteren Kapitel.

Bewertungen

Bei Amazon gibt es zwei Arten von Bewertungen: Verkäuferbewertungen, in denen die Leistung des Verkäufers (schneller Versand, freundlich, unbürokratische Problemlösung etc) beurteilt werden sollen und Rezensionen zu den Produkten, wo es eben nur um die Produkteigenschaften geht.

Diesen Unterschied verstehen viele Kunden bis heute nicht und so kommt es immer wieder vor, dass enttäuschte Kunden sich in der Verkäuferbewertung zeilenlang darüber auslassen, wie enttäuscht sie über das Produkt sind. Solche reinen Produktrezensionen in der Verkäuferbewertung kann man von Amazon löschen lassen.

Generell ist die Neigung zur Verkäuferbewertung sehr viel weniger ausgeprägt als bei Ebay, wo das inhaltslose Bewerten eine Art von Folklore darstellt.

Das führt natürlich dazu, dass eine negative Bewertung sehr viel schwerer ins Gewicht fällt als bei Ebay, wo man schnell Hunderte von positiven Bewertungen sammelt, die das Gewicht einer negativen Bewertung egalisieren.

Vielleicht rede ich es mir ein, aber ich habe das Gefühl, dass meine Angebote bei einer negativen Bewertung für ein paar Tage im Ranking abgestuft werden, bevor der Abverkauf wieder normal weiter geht.

Erhältlich man eine negative Bewertung, sollte man darauf reagieren. Oft haben negative Bewertungen eine Vorgeschichte (Streit über Rücksendekosten, unpünktliche Lieferung oder die Entstehung von Mängeln am Produkt). Als Verkäufer ist man häufig in der Situation zu entscheiden, ob man sich um des lieben Friedens Willen jede Frechheit gefallen lässt. Das Risiko einer negativen Bewertung nimmt man dabei manchmal in Kauf.

In solchen Fällen ist ein Nachfragen beim Kunden vermutlich schwierig bis unmöglich.

Manchmal kommen negative Bewertungen aber auch aus heiterem Himmel. In diesem Fall sollte man den Käufer unbedingt anschreiben und höflich fragen, wo der Schuh drückt. Vielleicht gab es ein Missverständnis oder anderen Anlass zu Ärger. Viele Kunden wollen dann keinen „Stress" mit dem Verkäufer sondern drücken ihren Frust dann eben in der Bewertung aus.

In solchen Fällen besteht oft die Chance, das Problem zur Zufriedenheit des Kunden zu lösen und diesen dann zu bitten, die Bewertung zu überarbeiten.

Wichtig: Man darf eigenes Entgegenkommen nicht von der Löschung oder Überarbeitung der Bewertung abhängig machen sondern muss in Vorleistung treten. Den Käufer unter Druck zu setzen, ist von Amazon untersagt.

Gibt es keine Möglichkeit zu einer gütlichen Lösung, so kann der Verkäufer die negative Bewertung öffentlich kommentieren und seine Sicht der Dinge darstellen.

Produktrezensionen dagegen haben zwar keinen Einfluss auf meinen Status als Verkäufer, wohl aber auf die Verkäuflichkeit des Produktes, denn die meisten Kunden lesen die Rezensionen und nutzen diese bei ihrer Kaufentscheidung.

Hat ein Produkt einen Bewertungsschnitt von unter 3 Sternen, ist Gefahr in Verzug. Hat das Produkt nur 1- oder 2- Stern- Bewertungen, kann man das Angebot eigentlich löschen, da es unverkäuflich ist.

Achtung: Gefälligkeits- Rezensionen einzukaufen ist strengstens verboten. Amazon verklagt mitunter auch Händler, die versuchen, das Ranking ihrer Produkte zu manipulieren.

Auf das Ranking hat neben der durchschnittlichen Höhe der Bewertungen vor allem auch die schiere Anzahl der Bewertungen großen Einfluss. Je mehr Bewertungen ein Produkt bekommt, desto populärer ist es.

Viele Händler versuchen gerade bei neu eingestellten Produkten möglichst schnell viele Bewertungen zu sammeln, um Popularität zu signalisieren.

Eine derzeit noch legale Möglichkeit, die Zahl der Bewertungen zu steigern, sind so genannte Produkttester- Plattformen, denen man seine Artikel kostenlos oder vergünstigt zur Verfügung stellt. Man darf die kostenlose Bereitstellung aber nicht abhängig machen von der Abgabe einer positiven Bewertung.

Natürlich ist es in der Praxis so, dass solche Bewertungen von Produkttestern, die das Produkt kostenlos oder vergünstigt bekommen haben, im Schnitt sehr viel positiver ausfallen werden als reguläre Bewertungen. Seriöse Produkttester kennzeichnen ihre Rezensionen mit einem Hinweis auf ihre Funktion. So finden sich in Produktrezensionen oft

Sätze wie „Ich habe diesen Artikel im Rahmen eines Produkttests kostenlos erhalten. Dies hat aber keinen Einfluss auf meine Bewertung".

Wie seriös solche Produktrezensionen auf potentielle Käufer wirken mögen, muss sich jeder selbst fragen. Meines Erachtens ist ein natürliches Bewertungsprofil wichtiger als die nackte Zahl von Bewertungen. Zu einem natürlichen Bewertungsprofil kann auch mal eine oder vielleicht auch zwei Bewertungen von Produkttestern gehören, doch wenn man den Eindruck hat, dass noch nie jemand eine unvoreingenommene Rezension zu einem Produkt geschrieben hat, hält das vielleicht eher vom Kauf ab als dass es dazu einlädt.

Umsatzsteigerung durch Fulfilment by Amazon

Wer von euch selbst regelmäßig bei Amazon einkauft, wird sich vielleicht auch schon mal dabei ertappt haben, wie er bei den Angeboten zu dem eigenen Suchbegriff auch auf das Amazon- Prime- Logo schielt...

Tatsächlich ist das nicht nur für die Prime- Mitglieder ein wichtiger Faktor bei der Kaufentscheidung sondern auch für „normale" Amazon- Kunden, bringt das Prime- Logo doch nicht nur kostenlosen und schnellen Versand sowie den für viele Kunden auch wichtigen kostenlosen Rückversand sondern auch das vertrauensvolle Gefühl, dass man es bei Problemen eben mit dem Hausherren persönlich zu tun hat und nicht mit einem unbekannten Verkäufer, der vielleicht Zicken bei der Rücknahme macht.

Wie oben schon erwähnt, ist Versand durch Amazon auch ein wichtiger Ranking- Faktor für die Amazon- Suchmaschine. Mein eigenes Angebot wird also präsenter, wenn ich es durch Amazon versenden lasse. Das wiederum führt unweigerlich zu höheren Verkaufszahlen und entsprechend mehr Umsatz.

In einem späteren Kapitel zum Thema Versand wird noch ausführlich auf die Funktionsweise von FBA- Fulfilment by Amazon eingegangen. Hier geht es zunächst um die Frage, ob ich mit FBA mehr verdiene als ohne. Das hängt von zwei Faktoren ab.

Amazon selbst sagt, dass ca. 80% der FBA- Händler angeben, dass ihre Umsätze durch FBA gestiegen sind.

Meine eigene Erfahrung ist, dass das im Großen und Ganzen stimmt. Allerdings ist FBA auch kein Wundermittel, das aus Ladenhütern Kassenschlager macht. Vielmehr ist es so, dass ein Artikel, der schon ganz gut läuft, einen ordentlichen Umsatzschub durch "Versand durch Amazon" bekommen kann. Auch bei Ladenhütern wird es wahrscheinlich eine Umsatzsteigerung geben können, aber ob einem wirklich damit geholfen ist, dass man statt 0 Artikeln im Monat einen oder zwei verkauft, muss jeder selbst entscheiden.

Der zweite Faktor für die Gewinnmaximierung durch FBA ist daher, ob ich das Produkt nach Abzug der Gebühren für den Amazon- Service auch noch gewinnbringend verkaufen kann. Amazon verlangt eine Lagergebühr und eine Versandgebühr.

Die Lagergebühr wird erst zum Problem, wenn Warenbestand länger als ein Jahr bei Amazon eingelagert ist. Dann verlangt Amazon nämlich eine Strafgebühr in vierstelliger Höhe je Kubikmeter. Amazon will eben kein Schrottlager sein sondern will schnell und gut verkäufliche Artikel lagern und verkaufen.

Die Versandgebühr richtet sich nach der Größe des Artikels so wie er angeliefert wird und wird unterteilt in Standardgröße und Übergröße. Während die Gebühren für Standardgröße für Verkäufer hoch attraktiv sind und zumeist auch billiger, als wenn man den Artikel selbst versendet, sind diese bei Übergröße spürbar höher.

Dazu kommt die Retourenanfälligkeit eines Artikels. Prime macht die Retoure von Artikeln für den Käufer kostenlos. Die Kosten für die Retoure sind zwar von Amazon in die normale FBA- Gebühr eingepreist, doch natürlich ist jede FBA- Gebühr ohne Verkaufserlös ein Verlustgeschäft. Verkaufe ich also Kleidung oder andere Dinge, die eine höhere Retourenquote haben, muss ich als Verkäufer überlegen, ob ich die höheren FBA- Kosten bei Retouren in den Verkaufspreis eingepreist bekomme.

Ich verkaufe z.B. eine sehr große Sporttasche mit FBA. Viele Kunden unterschätzen, wie groß (und wie schwer) die Tasche im vollgepackten Zustand sein wird und schicken die Tasche dann eben zurück. Diese erhöhte Retourenquote muss ich natürlich auf den Verkaufspreis draufschlagen, um mit FBA am Ende trotzdem noch Gewinn zu machen.

Was ich damit deutlich machen möchte: Es kommt nicht nur auf die Umsatzsteigerung an, die FBA garantiert bringen wird, sondern man muss auch schauen, ob nach den Gebühren denn noch genug für mich hängen bleibt, denn mit dem Umsatz steigt definitiv auch die Retourenquote.

Besonders gut überlegen muss man sich daher auch den Verkauf ins Ausland. Versende ich den Artikel selbst und lege in meinen Widerrufsbedingungen fest, dass der Käufer die Kosten der Rücksendung trägt (z.B. bei Versand nach Österreich), ist meine Retourenquote relativ gering, weil der Käufer die Kosten scheut.

Versendet Amazon den Artikel für mich und ist die Retoure für den Kunden kostenlos, wird natürlich auch viel häufiger zurückgesendet.

Wie gesagt: Ich habe bei jeder Rücksendung einen Verlust in Höhe der FBA- Gebühr; für einen Übergröße- Artikel von ein bis zwei Kilo und Versand nach Österreich sind das ca. acht Euro. Wenn ich bei einem solchen Artikel nur eine Marge von zwei oder drei Euro habe, muss man die Retourenquote schon sehr genau im Auge haben.

Mehr zu der technischen Seite von FBA im Versand- Kapitel.

PPC- Werbekampagnen zur Umsatzsteigerung

Amazon wäre nicht Amazon, wenn sie nicht auch noch an der Werbung auf ihrer Plattform Geld verdienen wollen würden.
Dazu gibt es die Möglichkeit, Kampagnen auf pay-per-click- Basis zu schalten. Diese funktionieren wie bei Google auch anhand eines Algorithmus, der Anzeigen zu deinen Produkten in dem thematisch passenden Umfeld einblendet. Verkaufst du also Sportsocken und jemand gibt im Amazon- Suchfeld das Keyword „Sportsocken" ein, so blendet Amazon dein Produkt als Anzeige neben, über oder unter den organischen Suchtreffern ein. Klickt ein Kunde auf deine Anzeige, so zahlst du eine Gebühr, die du selbst bestimmst. Das klingt erst einmal fair, ist aber natürlich ein Wettbewerb, denn nur die Anzeigen mit den höchsten Geboten werden auch regelmäßig an den besten Stellen eingeblendet.

Bietet man also nur 10 Cent für einen Klick, wird man entsprechend selten an vielversprechender Stelle eingeblendet, weil es vermutlich Verkäufer von Sportsocken gibt, die für einen Klick 20 Cent zahlen. So zahlt man dann zwar nicht viel, verdient aber natürlich auch nix.

Je nach Produktkategorie und Wettbewerb sollte man wahrscheinlich mit mindestens 30 Cent pro Klick rechnen, damit man auf eine relevante Zahl von Einblendungen und in der Folge auch Klicks mit Kaufabschlüssen kommt.

Viele Verkäufer glauben, dass es beim Schalten von Anzeigen darauf ankommt, dass die Kosten für die Anzeigen durch die Verkäufe gedeckt werden müssen und man deshalb niedrige Gebote abgeben sollte.

Tatsächlich ist es aber eher so, dass die Anzeigenkampagnen ein tolles Mittel sein können, sein Ranking in der organischen Suche zu verbessern. Wir erinnern uns: Das organische Ranking wird unter anderem durch die Zahl der verkauften Einheiten (und Folgefaktoren wie positive Produktrezensionen etc.) beeinflusst.

Wenn man bei der Einführung eines Produktes den Abverkauf nun dadurch künstlich anregt, dass man Anzeigen schaltet und mit hohen Geboten dafür sorgt, dass diese auch gesehen, angeklickt und in der Folge das Produkt dann auch häufig verkauft wird, klettert man in der organischen Suche schneller.

Anzeigenkampagnen sind also eine Investition, die sich erst später durch das bessere Ranking und die dann auch ohne Anzeigen steigenden Verkaufszahlen rentiert. Man muss also bei Einführung eines Produktes mit den Anzeigen erst einmal in Vorleistung gehen, bekommt dafür von Amazon aber auch wichtige Daten zu Keywords geliefert, durch die man seine Kampagne verfeinern und erfolgreicher machen kann.

Ich habe beispielsweise mal ein paar verschiedene Modelle an Reisetaschen- Trolleys verkauft. Reisetaschen- Trolleys sind Reisetaschen auf Rollen. Das weiß man- dachte ich...

Tatsächlich habe ich durch die von Amazon zur Verfügung gestellten Suchbegriffsberichte zu meiner Anzeigen- Kampagne herausgefunden, dass die meisten Kunden nicht den Suchbegriff „Trolley" eingegeben haben sondern nach „Reisetasche auf Rollen" gesucht haben.

Ich habe also meine Artikelbezeichnung entsprechend angepasst und auf diese Suchbegriffe hin optimiert und plötzlich stiegen die Verkaufszahlen an.

Zehn Grundregeln zum Verkaufen auf Ebay

1.

Ebay ist dein Freund! Wenn du diese Freundschaft vertiefen willst, zahle dafür- und Ebay wird dafür sorgen, dass du mehr Umsatz machst. Heißt im Klartext: Je höher dein Shop- Abo ist, desto mehr wird Ebay deine Angebote sichtbar machen. Also, für den Anfang muss ein Basis- Shop- Abo her, das du spätestens nach 2 Monaten upgraden solltest.

Es gibt bei Ebay drei Shop- Abos:

- Basis- Shop für 29,95 Euro monatlich (oder 24.95 Euro bei Jahresabo)
- Top- Shop für 54,95 Euro monatlich (oder 44,95 Euro bei Jahresabo)
- Premium- Shop für 254,95 monatlich (oder 209,95 Euro bei Jahresabo)

Natürlich haben die teureren Shops mehr Features, vor allem mehr kostenfrei einzustellende Angebote (auch auf internationalen Websites), aber der Hauptunterschied ist am Ende die Sichtbarkeit.

Betreibt man keinen Shop, so kann man keine Angebote mit einer Laufzeit „bis auf Widerruf" einstellen. In diesem Fall verliert man alle 30 Tage seine Verkaufshistorie und fängt bei Null Verkäufen wieder neu an.

UPDATE: Dies scheint sich 2017 geändert zu haben. Nunmehr scheinen auch gewerbliche Verkäufer ohne ein Shop- Abo in der Lage zu sein, Artikel mit einer Laufzeit „bis auf Widerruf" einstellen zu können.

Zwar sagen Insider, dass die alte Verkaufshistorie für das Ranking ohnehin unerheblich sei, weil die Ebay- Suchmaschine Cassini eh nur die Performance eines Angebotes in den letzten 30 Tagen berücksichtigt, aber ich glaube schon, dass ein potentieller Kunde sich davon beeindrucken lässt, wenn dort steht „1257 Mal verkauft". Insofern ist ein Shop mit „Gültig bis auf Widerruf"- Angeboten Pflicht, wenn man den Online- Handel ernsthaft betreiben möchte.

Vor dem Verkauf auf Ebay sollte man eine kleine Recherche durchführen, ob Ebay für die Artikel, die man verkaufen möchte, auch geeignet ist. Einige Produktgruppen laufen, wie auf jedem anderen Marktplatz auch, besser als andere.

Bei Ebay ist es z.B. schwierig, Bücher oder auch andere Medien zu verkaufen. Menschen, die im Internet nach Büchern suchen, schauen nun mal vornehmlich bei Amazon, die mal als reiner Buchhandel gestartet sind oder anderen Buch- Shops.

Der Verkauf von Ebooks ist bei Ebay bis heute noch in der Testphase und nur wenigen Anbietern gestattet.

2.

Vergiss alles, was du je über SEO gelernt hast. Ebay ist ein geschlossenes System, 95% deiner Seitenaufrufe kommen über ebay.de und die Ebay- Suchmaschine funktioniert nicht nach den klassischen

Optimierungsregeln sondern nach deinem Shop- Abo und deinem Service- Status. Die größte Chance, deine Angebote sichtbarer zu machen: zahle dafür (siehe Punkt 1).

Neben dieser Grundregel gibt es natürlich noch ein paar spezielle Indikatoren, die ein Angebot in den Suchergebnissen der Cassinni genannten Ebay- Suchmaschine nach vorne befördern. Der wichtigste ist die Popularität, also die Zahl der verkauften Artikel eines Angebots im Verhältnis zur Zahl der Seitenaufrufe, aber auch das Verhältnis von Impressionen zu Seitenaufrufen ist wichtig.

Popularität und Kaufwahrscheinlichkeit

Wird mein Artikel zu einem bestimmten Suchbegriff dem Ebay- Mitglied in den Suchergebnissen angezeigt, ist das eine Impression. Klickt das Ebay- Mitglied dann auch auf mein Angebot, ist das ein Seitenaufruf. Kauft das Ebay- Mitglied dann den Artikel oder setzt ihn auf seine Beobachtungsliste, steigt die Popularität. Populär ist mein Angebot also dann, wenn es aufgrund der richtigen Keywords zu Suchanfragen angezeigt wird, Fotos, Preis und aussagekräftiger Titel den Käufer animieren, das Angebot anzuklicken und dann auch zu kaufen.

Wird dagegen mein Angebot zwar häufig angezeigt, aber nur selten angeklickt und noch seltener gekauft, ist das schlecht für die Popularität des Angebots. Ein solches Nutzerverhalten kann nämlich zum Beispiel durch Keywordspamming entstehen.

Wenn ich also versuche, durch die Nutzung von populären Keywords, die aber für mein Angebot irrelevant sind, die Sichtbarkeit zu erhöhen, die Interessenten dann aber das Produkt nicht anklicken oder gar kaufen, weil es nicht hält, was es verspricht, geht das Ranking meines Angebots schnell in den Keller.

Ein Beispiel: Biete ich eine Billig- „Sonnenbrille im Ray Ban- Style" an, dann wird mein Angebot jedem angezeigt, der nach „Ray Ban" sucht. Es wird aber keiner meine Sonnenbrille kaufen, weil sie eben nicht von Ray Ban ist. Ich erziele also durch die Verwendung eines populären Keywords Aufmerksamkeit, generiere dadurch aber keine Sales. Das erkennt Cassini und straft solche Angebote ab.

Nur nebenbei: Solche Art von Werbung mit Markennamen kann selbstverständlich auch zu Abmahnungen durch den Markeninhaber führen.

Es geht also bei Cassini und dem Ranking maßgeblich um die Kaufwahrscheinlichkeit. Das haben wir ja schon bei Amazon gelernt. Um die Kaufwahrscheinlichkeit zu erhöhen, ist es zweckmäßig, lieber ein Angebot mit Varianten einzustellen als mehrere Angebote.

Ein Beispiel: Wenn ich einen Rucksack in 4 Farben verkaufe, stelle ich ihn nicht mit vier einzelnen Angeboten ein sondern mache daraus ein Angebot mit 4 Varianten. So habe ich eine breitere Relevanz, weil mein Angebot nicht nur für Käufer interessant ist, die einen schwarzen Rucksack suchen sondern auch für Liebhaber von blauen oder roten Rucksäcken etc.

Viele Verkäufer treiben das bis zum Exzess, indem sie bis zu 20 vollkommen unterschiedliche Artikel in einem Angebot unterbringen.

Preis

Klar ist auch: Um Verkäufe auf die Uhr zu bekommen, muss man am Anfang billiger sein als die etablierte Konkurrenz, also verkauft man die ersten sechs Monate im günstigsten Fall zum Selbstkostenpreis.

Doch aufgepasst: Auch wenn der Preis für Käufer gerade bei Ebay natürlich eine enorm wichtige Rolle spielt, muss man als Verkäufer aufpassen, nicht aus dem erwartbaren Rahmen zu fallen, weil das von der Ebay- Suchmaschine als unseriös eingestuft werden kann.

Verkauft man ein neues Iphone der aktuellen Baureihe, so erwartet der Käufer, dass der Preis hierfür irgendwo zwischen 450 und 650 Euro liegt. Bietet man das neueste Iphone für 250 Euro an, ist das zwar ein überragender Preis, doch sind hier möglicherweise Zweifel an der Seriösität angebracht.

Man muss sich als Verkäufer also immer in der Preisspanne bewegen, die allgemein erwartet und von der Konkurrenz auch eingehalten wird – idealer Weise natürlich am unteren Ende dieser Preisspanne.

Ein weiterer guter Trick in der Preisgestaltung kann die Festsetzung eines Preises außerhalb des üblichen Schemas sein.

Die meisten Verkäufer verkaufen ihre Artikel für xx,99 Euro oder xx,95 Euro oder xx,90 Euro. Das ist die Nummer sicher. Die Kunden sind diese Preisgestaltung gewöhnt.

Es gibt bei Ebay aber die Möglichkeit, sich die Suchtreffer nicht nach Beliebtheit anzeigen zu lassen (was die Standard- Einstellung ist) sondern nach Preis und in dieser Sortierung steht ein Angebot mit einem Preis von z.B. xx,85 Euro vor den Hunderten Angeboten mit den oben genannten Standardpreisen.

iphone 7								Handys ohne Vertrag
Versandt: samsung galaxy s3	ps3	iphone5	iphone 7	iphone 6	iphone 5	iphone 3	iphone 1	iphone mp3 mp4

Auktion & Sofort-Kaufen ▾	Artikelzustand ▾	Artikelstandort ▾	Sortieren: Beste... ▾

1.730 Ergebnisse für **iphone 7**   ➕ Dieser Suche folgen   Versand

Eine weitere Option, die es so nur bei Ebay gibt, ist der „Preisvorschlag". Aktiviert man diese Option bei der Erstellung eines Angebotes, so steht unter dem Preis auf der Angebotsseite der Zusatz „oder Preis vorschlagen".

Man kann so Aufmerksamkeit erzeugen und Ebay glaubt, die Verkaufschancen seien größer, wenn man beim Preis mit sich reden bzw. verhandeln lässt.

Die traurige Wahrheit ist, dass die Ebay- Kunden, die einem Preisvorschläge machen, keinen blassen Schimmer von dem Verhandlungsspielraum haben, den ein Händler bei Ebay nach Abzug aller Unkosten möglicherweise noch hat und gehen nach der plumpen Formel vor „Ich biete mal die Hälfte und wir einigen uns bei 75%".

Das ist natürlich Zeitverschwendung, denn in der Regel hat man eine Marge von ein paar Euro und der Käufer verspricht sich natürlich einen viel höheren Rabatt als ein paar Cent, die man ihm vielleicht noch erlassen könnte.

Ich persönlich arbeite nicht mehr mit dem Preisvorschlag, weil ich darüber noch nie einen Artikel verkauft habe. Stattdessen verschwendet man Zeit damit, Basar- Profis zu erklären, warum man ihnen einen 20- Euro- Rucksack nicht für 10 Euro verkaufen kann.

Wer das Glück hat, eine ordentliche Marge bei seinen Produkten zu haben, kann natürlich hier ein bisschen experimentieren.

Keywords

Das allerwichtigste Kriterium, um bei Ebay in den Suchergebnissen aufzutauchen, ist die Verwendung der richtigen Keywords. Dazu gilt im Grunde genommen das, was schon bei Amazon zur Verwendung von Keywords gesagt wurde.

Als Verkäufer muss man sich in den Kunden hineinversetzen und antizipieren, wonach er vermutlich suchen wird. Wichtig ist dabei, so spezifisch wie möglich in der Bezeichnung des Artikels zu sein, um möglichst relevante Treffer zu erzielen, die dann auch eine hohe Kaufwahrscheinlichkeit haben.

Die höchste Relevanz haben wie bei Amazon auch die verwendeten Begriffe in der Artikelüberschrift. Hier sollte man in den nur zur Verfügung stehenden 80 Zeichen möglichst auf Füllwörter verzichten. Anders als bei Amazon liest die Suchmaschine bei Ebay auch die Artikelbeschreibung aus, so dass auch hier Keywords verwendet werden können (und sollten).

Artikelmerkmale

Ebay legt darüber hinaus großen Wert auf die so genannten Artikelmerkmale. Je mehr Angaben man hier zu einem Artikel machen kann, desto größer die Wahrscheinlichkeit, dass er bei einer Suche gefunden wird.

Die Artikelmerkmale spielen insbesondere bei der mobilen Ansicht eine wichtige Rolle, da sie hier sehr prominent noch vor der

Artikelbeschreibung aufgelistet sind. Die Artikelmerkmale sind daher zumindest in der mobilen Ansicht, die immer wichtiger wird, vergleichbar mit den Bullet points bei Amazon und die hier verwendeten Schlüsselbegriffe haben für den Ebay- Suchalgorithmus Cassini auch eine hohe Relevanz.

Kategorien

Auch die Kategorien, in die man seine Artikel einstellt, müssen sorgfältig ausgewählt werden. Nach Angaben von Ebay werden bis zu 40% der Suchvorgänge auf Ebay anhand der Kategorien durchgeführt.

Man hat bei Ebay die Möglichkeit, sein Angebot in zwei Kategorien einzustellen, zahlt dann allerdings die doppelte Einstellgebühr; dies sind je nach Shop- Abo 5 bis 10 Cent im Monat.

Bedenkt man, dass man seine Sichtbarkeit für die Käufer, die nach Kategorien suchen, um 100 Prozent vergrößert, sind das die wahrscheinlich bestangelegten 10 Cent ever.

Das Einstellen seiner Artikel in zwei Kategorien ist daher beinahe schon Pflicht- jedenfalls, wenn man zwei Kategorien für seinen Artikel findet, die Sinn ergeben.

Achtung: Ebay verändert regelmäßig seine Kategorien- Struktur. Dabei kann es passieren, dass die Kategorie, in die man seinen Artikel eingestellt hat, verändert wird oder sogar wegfällt. Das führt dann dazu, dass der eigene Artikel plötzlich in einer Kategorie ist, die keinen Sinn macht oder in einer Auffang- Kategorie „Sonstiges", wo er nicht mehr gefunden wird.

Ich hatte vor ein paar Jahren ein paar Familienzelte verkauft und es gab zu dem Zeitpunkt bei Ebay auch eine passende Kategorie „Familienzelte". Der Artikel war nicht unbedingt ein Kassenschlager, aber es wurden immer ein paar Zelte verkauft.

Eines Tages gingen die Verkaufszahlen von vier bis fünf pro Monat runter auf Null. Ebay hatte die Kategorienstruktur für Zelte verändert und die Kategorie „Familienzelte" abgeschafft. So wurde mein Angebot dann automatisch in die Kategorie „Zelte/Sonstiges" umgruppiert, die natürlich nicht spezifisch genug ist, als dass Menschen, die ein Familienzelt suchen, darin recherchieren würden.

Nicht unmittelbar mit Suchmaschinenoptimierung zu tun hat das Layout. Es gibt die normalen von Ebay kostenlos zur Verfügung gestellten Layouts, die okay aussehen und die man mit ein paar grundsätzlichen HTML- Kenntnissen auch noch aufpeppen kann.

Dennoch gibt es Verkäufer, die auf kostenpflichtige, professionelle Templates schwören, gemäß dem Motto: Das Auge kauft mit. Tatsächlich sehen diese Templates sehr schön aus; meiner persönlichen Meinung nach erinnern diese dann aber nicht mehr an Ebay und könnten sich auf das Vertrauen, das die Kunden dem Marktplatz Ebay entgegenbringen, negativ auswirken.

Auch müssen solche Templates ggf. häufiger an die neuen Ideen und Anforderungen angepasst werden, die Ebay in immer kürzeren Abständen ventiliert.

Für 2017 ist so z.B. die Abschaltung aktiver Inhalte wie Flash, Javascript oder sendbaren Formularen angekündigt. Verwendet man ein Template mit solchen Inhalten, muss man Aufwand betreiben, die Anforderungen zu erfüllen. Gleiches gilt für die von Ebay geforderte Mobilfreundlichkeit der eigenen Angebote, die angesichts wachsender Verkaufszahlen im mobilen Bereich für Verkäufer natürlich auch essentiell ist.

Ein kritischer Blick auf den eigenen Auftritt bei Ebay ist sicherlich ratsam.

Und wie überall in der Online- Welt sagen ein paar aussagekräftige, hoch auflösende Fotos oft mehr als tausend Worte. Deshalb müssen die Bilder, die man auf Ebay einstellt eine Aufösung von mindestens 500 Pixel auf der kürzesten Seite haben. Besser sind Bilder mit einer Auflösung von mindestens 1000 Pixel, da für diese dann die beliebte Zoom- Funktion aktiviert ist.

Für Bilder bei Ebay gilt natürlich sinngemäß dasselbe, was ich schon im Amazon- Kapitel geschrieben hatte: Da viele Käufer lieber gucken als lesen, sagt ein gutes Bild mehr als tausend Worte. Professionelle, freigestellte Fotos mit weißem Hintergrund sind daher Pflicht- auch weil Ebay- Angebote in Google- Shopping angezeigt werden; aber eben nur mit weißem Hintergrund, den Google zur Pflicht gemacht hat.

3.

Wie gesagt, Ebay ist dein Freund- und bringt ab und zu seine Kumpels mit. Einer dieser Kumpels ist ein Typ namens "Paypal". Viele mögen ihn nicht, weil er mitunter unverständliche Entscheidungen über das Geld anderer Leute trifft, aber er ist ein Kumpel von Ebay und Ebay promoted Paypal bei den Kunden als DIE sichere Option für schnellen Einkauf. Das führt dazu, dass ca. 90% deiner Kunden Paypal nutzen werden. Jeder Versuch, das zu umgehen (niedrigerer Preis bei Vorkasse oder so) führt dazu, dass Ebay nicht mehr dein Freund ist. Also lebe mit Paypal und den Gebühren, die man für diesen Bezahldienst zahlen muss!

Solche Servicefaktoren, wie das Anbieten verschiedener Bezahlarten, ist im Übrigen auch ein Ranking- Faktor. Angebote, die ausschließlich Vorkasse- Überweisung als Zahlart anbieten, werden in der Regel schlechter gerankt sein, als Angebote, die eine Reihe verschiedener Zahlarten offerieren.

4.

Sammle positive Bewertungen.

Ja, bei Ebay achten die Käufer sehr viel mehr auf die Bewertungen als z.B. bei Amazon; viele nutzen die negative Bewertung auch als Druckmittel. Niedriger Bewertungsstand kann am Anfang nur durch Schnäppchenpreise ausgeglichen werden. Es empfiehlt sich deshalb, irgendwelche günstigen 1- Euro- Artikel mit hoher Verkaufsfrequenz im Angebot zu haben.

Ich habe z.B. hunderte von Schlafbrillen für 1,50 Euro verkauft (und entsprechend auch hunderte positiver Bewertungen eingesammelt). Inzwischen habe ich da so viele von verkauft, dass ich da 4,39 Euro für nehmen kann und sogar ein paar Cent daran verdiene.

In der Anfangsphase wird man zur Vermeidung negativer Bewertungen möglicherweise auch in Fällen Kulanz walten lassen, bei denen man sich sicher ist, im Recht zu sein. Ein Gefühl, das auf den großen Marktplätzen oft dominiert. Doch ein zufriedener Kunde ist in fast allen Fällen mehr wert als der Betrag, um den es letztlich geht.

Viele Verkäufer nutzen im Übrigen die Automatisierung, die Ebay für die Abgabe von Bewertungen anbietet. Als Verkäufer kann ich meine Kunden nur positiv bewerten. Solche Bewertungs- Schlammschlachten, wie es sie vor zehn Jahren noch gab, als negative Bewertungen immer mit

Rachebewertungen vergolten wurden, sind daher glücklicherweise nicht mehr möglich.

Die Automatisierung von zuvor eingegebenen positiven Bewertungen nach dem Zufallsprinzip kann man so einstellen, dass gleich nach Zahlungseingang eine positive Bewertung erfolgt. Man geht damit als Verkäufer gewissermaßen ein Stück weit in Vorleistung und hofft, dass der Käufer sich dann auch mit einer freundlichen positiven Bewertung revanchiert. Ob die Abgabe einer positiven Bewertung durch den Verkäufer tatsächlich zu einer höheren Zahl an Bewertungen für den Verkäufer führt, kann ich nicht wirklich einschätzen.

Richtig ist auf jeden Fall, dass Ebay- Käufer (insbesondere wenn sie schon lange dabei sind) peinlich genau darauf achten, dass sie eine Bewertung von dem Verkäufer bekommen. Unzählige Male habe ich fast schon empörte Mails bekommen a la: Ich habe Sie bereits vor zwei Wochen positiv bewertet und wundere mich, dass Sie noch keine Bewertung für mich abgegeben haben.

Einige Käufer erwarten eine positive Bewertung bereits nach erfolgter Zahlung; auch dies ist wie gesagt einstellbar. Ich persönlich finde nicht, dass es schon eine große bewertungsrelevante Leistung ist, wenn ein Käufer seiner Verpflichtung aus einem Kaufvertrag nachkommt und zahlt.

Ich persönlich bewerte dann, wenn ich den Eindruck habe, dass der Käufer mit unserer Transaktion rundum zufrieden ist – und dazu gehört für mich, dass der Käufer mich zunächst positiv bewertet.

Vielleicht ist das ein bisschen kleinkariert und vielleicht sollte ich den Bewertungs- Unsinn einfach mitmachen und sinnlos drauflos bewerten…

5.

Sei geduldig auf dem Weg zum Reichtum.

Ebay mag keine Verkäufer, die auf seiner Plattform schnell reich werden wollen und belästigt neue Verkäufer zunächst mit einer Reihe von Beschränkungen und Verkaufslimits. Also darfst du am Anfang als neuer Verkäufer z.B. keine Angebote "bis auf Widerruf" einstellen und am Anfang nur ca. 100 Artikel zum Verkauf anbieten und höchstens 7000 Euro Umsatz machen. Das bezieht sich auf Einzelartikel. Wenn du also eine Handtasche in vier Farben mit einer Stückzahl von je 10 einstellst, sind 40 Artikel von deinen 100 weg!

Ein Mal im Monat kann man beim Kundenservice von Ebay anrufen und um Anhebung der Verkaufslimits bitten. Die führen dann so ein kleines Fachgespräch mit dir, um zu testen, ob du wirklich seriöser Verkäufer mit einer Verkaufsidee bist oder nur schnell hochdrehende Schrottware verhökern willst. Monatlich können die deine Limits für eingestellte Angebote und Umsatz um 75% erhöhen. Irgendwann machen die das dann auch automatisch ohne Nachfragen. Ich hab jetzt 10000 Artikel und 240000 Euro Umsatz als Limit.

Organisches Wachstum ist eine vernünftige Sache. Schnelles Kassemachen funktioniert auf seriöse Weise kaum, deshalb begrüße ich das Vorgehen von Ebay bei neuen Verkäufern dem Grunde nach.

Man kann den Weg zu höheren Verkaufslimits ein bisschen beschleunigen, indem man seinen Privataccount in einen gewerblichen umwandelt. Dann ist man bei Ebay schon bekannt und man hat meist schon höhere Verkaufslimits, wenn man vorher schon privat verkauft hat.

Ein weiterer Vorteil der Umwandlung eines Privataccounts ist, dass man nicht mit Null Bewertungen startet sondern seine privat gesammelten Bewertungen mitnimmt.

6.

Versende kostenlos – und schnell.

Artikel verkaufen sich besser, wenn man kostenlosen Versand anbietet, weil diese Angebote dann das Ebay- Logo "kostenlos und schnell" bekommen können.

Jeder, der schon mal am Postschalter gestanden hat und ein Paket verschicken wollte, weiß, dass es so was wie kostenlosen Versand nicht gibt. Versand kostet immer Geld. Wenn man viel versendet, gibt es einen Rabatt, aber kein Versanddienstleister versendet meine Pakete kostenlos.

Ebay erwartet aber nun mal, dass Verkäufer kostenlos versenden, weil sie in irgendeiner Marktstudie herausgefunden haben wollen, dass die Käufer das erwarten.

Ich persönlich glaube, dass die Kunden schlau genug sind zu wissen, dass man nicht kostenlos versenden kann und sie die Versandkosten daher auf anderem Wege zahlen.

Insofern preist jeder Verkäufer die Versandkosten natürlich ein und freut sich über den Extra- Gewinn, den er beim Verkauf von zwei oder mehr Artikeln macht.

Bei kleinpreisigen Artikeln, wo der Versand etwa so viel ausmacht wie der Verkaufspreis oder bei Artikeln, von denen Käufer gerne gleich mehrere bestellen, habe ich inzwischen die Erfahrung gemacht, dass man sich mit dem eingepreisten kostenlosen Versand ins Knie schießt. Diese biete ich wieder mit ausgewiesenen fairen Versandkosten an und habe den Eindruck, dass das auch honoriert wird.

Neben dem Kostenlos- Fetisch gibt es auch ein starkes Bedürfnis nach schnellen bzw. Express- Versandformen. Insbesondere wenn man mit saisonalen Produkten handelt, bekommt man immer wieder Anfragen wie: Ich fahre morgen Abend in Urlaub. Können Sie mir garantieren, dass der Artikel bis morgen bei mir ankommt?

Mit normaler Postgeschwindigkeit würde ich solche Bestellungen immer ablehnen, weil das Rückläufer- Risiko viel zu hoch ist. Man versendet den Artikel noch am selben Tag, der Versanddienstleister ist aber nicht so schnell und liefert erst übermorgen aus, der Kunde ist aber schon im Urlaub, das Paket kommt also zurück und ich als Verkäufer bleibe auf den Versandkosten sowie den Rücksendegebühren meines Versanddienstleisters sitzen. Schlechtes Geschäft!

Biete ich hingegen eine günstige Expressversand- Variante an (DPD nimmt zum Beispiel für Lieferung bis nächsten Werktag 18 Uhr nur ca. 5 Euro), kann der Kunde sich überlegen, ob ihm die Sicherheit, den Artikel bis morgen zu bekommen, den Aufpreis wert ist oder nicht.

Übrigens: Widerruft der Kunde später seinen Kauf, so muss ich ihm als Verkäufer solche zusätzlichen Kosten für eine schnellere Versandmethode nicht erstatten sondern nur den Verkaufspreis und die regulären Versandkosten.

Man darf nicht unterschätzen, wie viele solcher Lastminute- Käufer es insbesondere in der Urlaubssaison, aber auch in der Weihnachtszeit gibt. Wenn man es organisatorisch schultern kann, einen zuverlässigen Versanddienstleister an der Hand hat, der das auch zu bezahlbaren

Preisen umsetzen kann, dann sollte man eine Express- Variante auch anbieten. Das freut nicht nur den Kunden sondern auch die Ebay- Suchmaschine, weil solche Service- Faktoren, wie gesagt, das Ranking beeinflussen.

7.

Sei allzeit bereit.

Ebay ventiliert in immer kürzeren Abständen immer neue Ideen. Meist sind es nicht wirklich neue Ideen sondern erinnern mehr an Dinge, die es bei Amazon schon seit langem gibt.

Der letzte große Streich war die Einführung von Ebay Plus, dem Amazon Prime Light von Ebay, bei dem die Verkäufer, die daran teilnehmen wollen, kostenlosen Versand und Rückversand sowie Versand am selben Tag anbieten müssen, wenn die Bestellung vor 14 Uhr eingeht und bezahlt wird.

In der derzeit noch laufenden Einführungsphase übernimmt Ebay die Kosten für den Rückversand von Ebay Plus- Bestellungen. Es ist vermutlich nur eine Frage der Zeit, bis dies auf die Verkäufer abgewälzt wird.

Bei mir sind die Ebay- Umsätze seit Einführung von Ebay Plus massiv eingebrochen und das nicht, weil ich nicht daran teilnehme sondern weil ich daran teilnehme. Ich habe den Eindruck, dass die Kunden diese neue Geschichte noch nicht richtig verstanden haben und vielleicht dachten, dass Ebay Plus- Artikel nur von Ebay Plus- Kunden gekauft werden können.

Anders kann ich mir einen Umsatzeinbruch von ca. 25% seit der Einführung nicht erklären.

Trotzdem ist man als Verkäufer bei Ebay darauf angewiesen, die permanenten Neuerungen nachzuvollziehen und mitzumachen, denn sonst zieht die Karawane schnell weiter und man wird abgehängt.

Inzwischen ist seit Einführung von Ebay Plus über ein Jahr vergangen und die Zahl der Plus- Verkäufe bewegt sich immer noch auf einem sehr niedrigen Niveau. Darüber hinaus ist die Retourenquote bei den Plus- Bestellungen auffällig höher als bei normalen Bestellungen.

Das ist natürlich auch nicht weiter verwunderlich, wenn das einzige wirkliche Plus an Ebay Plus der kostenlose Rückversand ist. Kunden neigen dazu, Extras auch zu nutzen, wenn sie schon dafür bezahlen. Zwar zahlt Ebay auch 2017 weiterhin die Gebühren für den Rückversand, doch ich bleibe als Verkäufer bei einer Rücksendung immer auf den ursprünglichen Kosten des Versands hängen.

8.

Sei ein Verkäufer mit Top- Bewertung- und tue alles, um es zu bleiben.

Während ich bei den neuesten Ideen wie dem „Kostenlos und schnell"- Logo sowie dem Ebay Plus- Programm eher skeptisch bin, halte ich sehr viel von dem Programm „Verkäufer mit Top- Bewertung" und tue eine Menge dafür, den Status zu erhalten.

Im Februar 2016 sind die Regeln für den Erhalt dieses Status ein ganzes Stück objektiviert worden. Hing der Status vorher zu einem großen Teil an dem subjektiven Bewertungs- Regime, kommt es jetzt vor allem auf die Service- Geschwindigkeit an, die sehr viel objektiver messbar ist.

Neben einem eher symbolischen Rabatt von 10% auf die Verkaufsprovision bringt einem der „Top- Verkäufer" vor allem ein Plus beim Ranking der eigenen Angebote- was bares Geld wert sein kann.

Ebay selbst spricht von einer erhöhten Sichtbarkeit von „im Durchschnitt 87%", was eine ganze Menge ist. Noch einmal 57% mehr verspricht Ebay für Angebote, die mit dem Logo „Kostenlos und schnell" gekennzeichnet sind. Die Programme sind insofern miteinander verknüpft, als es den Rabatt auf die Verkaufsprovision für Verkäufer mit Top- Bewertung nur für verkaufte Artikel gibt, die die Anforderung an „Kostenlos + schnell" erfüllen.

Um sein Angebot für Kostenlos + schnell" zu qualifizieren, muss man eine kostenlose Versandmethode und eine Versandmethode, die eine Zustellung nach spätestens zwei Werktagen garantiert, anbieten. Dabei muss die schnelle Versandmethode nicht die kostenlose sein.

9.

Sei mutig und biete deine Artikel neben dem Festpreisformat auch im Auktionsformat an.

Der Markenkern von Ebay ist das alte Auktionshaus, bei dem man beim Bieten tolle Schnäppchen machen konnte. Ebay hat diesen Markenkern mit fortschreitender Amazonisierung seiner Plattform mehr und mehr aufgegeben, was schade ist.

Denn nicht nur Nostalgiker stehen auf den Kick, den man bekommt, wenn man einen Artikel zu einem vermeintlichen Schnäppchenpreis ersteigert.

Neben der Chance, etwas zu verkaufen, erhöht man mit einer Auktion auch die Sichtbarkeit eines Produktes, denn Auktionsangebote unterliegen eigenen Regeln. Diese werden nämlich sichtbarer, je näher das Auktionsende rückt. Wenn man ein Auktionsangebot also am Wochenende auslaufen lässt, wenn traditionell die meisten Kunden vorm Rechner sitzen, finden Sie bei einer Suche meinen Auktionsartikel; und da Ebay unter jeder Artikelseite immer noch ähnliche Produkte („Das könnte Sie auch interessieren") einblendet, ist die Chance groß, dass der Käufer auch zu meinem Festpreisangebot findet.

Wichtig ist bei Auktionen das Timing. Am besten gehen Angebote mit einer Laufzeit von sieben Tagen. Das Laufzeitende sollte am besten am späten Sonntagnachmittag sein; im Sommer, wenn es draußen heiß ist, auch gerne am frühen Abend- niemals aber nach 20 Uhr. Dann hocken die Leute vor der Glotze und verpassen vermutlich die heiße Bieterphase um deine Schnäppchen.

Darüber hinaus hat eine Auktion seine eigenen Gesetzmäßigkeiten. Wichtig ist der Mut zu einem niedrigen Einstiegspreis, denn die Aufmerksamkeit des schnäppchengeschulten Ebay- Publikums gewinnt man nur mit dem ehrlichen Angebot, Geld sparen zu können.

Ein Angebot mit niedrigem Einstiegspreis wird von vielen Ebayern auf die Beobachtungsliste gesetzt, was das Ranking verbessert, weil Cassini solche Interaktionen von Käufern berücksichtigt. Wenn die Auktion dann auf die Zielgerade geht, bekommt das oft eine Dynamik, die mit Logik nichts mehr zu tun hat.

Vielmehr scheinen sich uralte Jagdinstinkte Bahn zu brechen und Käufer bieten sich mitunter um Kopf und Kragen. Je niedriger der Anfangspreis, desto größer die Chance, dass man am Ende mehr bekommt, als man bei dem Festpreisangebot verlangt.

Man darf dieses Instrument aber auch nicht überstrapazieren und nun jeden Tag Auktionen einstellen. Die Sache muss noch etwas Besonderes bleiben.

10.

Sei freundlich zum Ebayer.

Ebayer sind ein eigener Schlag Mensch und in einschlägigen Sellerforen wird der fordernde, oft unfreundliche Ton der Ebay- Kundschaft kritisiert. Tatsächlich erkennt man den typischen Ebay- Kunden an der verkürzten Syntax.

Normalerweise würde ein Kunde z.B. schreiben: „Guten Tag, können Sie mir bitte das Gewicht des Rucksacks nennen?"

Der Ebayer schreibt: „Gewicht?"

Für mich zählt in beiden Fällen der wertvolle Hinweis, dass meine Artikelbeschreibung unvollständig ist und ich einen Hinweis auf das Gewicht des Rucksacks einpflegen muss.

Immerhin nimmt es einem der Ebayer dann auch nicht übel, wenn man in ähnlicher Steno- Form antwortet; vielleicht angereichert um eine kleine Höflichkeitsfloskel.

Man bekommt bei Ebay sehr viele Fragen zu seinen Artikeln und man bekommt ein Gespür dafür, wer wirklich Interesse an dem Produkt hat, wer also kaufbereit ist und wer einfach nur Langeweile hat.

Manchmal geht es fast schon ins Dreiste. So z.B. eine Kundin, die sinngemäß schrieb: Ich fahre nächste Woche auf Klassenfahrt und brauche einen Trekkingrucksack. Kann ich den wieder zurückschicken, wenn er mir nicht gefällt?

Kunden, die Rücksendungen ankündigen, sind grundsätzlich unsympathisch. Wer wie hier anfragt, ob er sich einen Rucksack bei uns kostenlos ausleihen könnte, den will niemand als Kunde haben.

Trotzdem erwartet Ebay eine professionelle Kunden- Kommunikation und das Kommunikationsverhalten des Verkäufers geht auch in die eigenen Performance- Werte mit ein. Man sollte also jede Anfrage, sei sie auch noch so absurd, seriös beantworten.

Wer versucht, sich durch Drohungen Rabatte zu erschleichen oder sonst gegen die guten Manieren im Online- Handel verstößt, den kann man über die Schaltfläche „Diesen Käufer melden" bei Ebay anschwärzen. Das führt im Einzelfall noch nicht zum Platzverweis, aber Ebay sammelt diese Daten. Geht ein Käufer also immer nach derselben Masche vor, wird er bei der zweiten oder dritten gleichartigen Meldung von Ebay gesperrt.

Für den Ausschluss von eigenen Handelsbeziehungen gibt es die Blacklist, auf die man Nutzernamen von Ebayern setzen kann, damit diese nicht mehr auf eigene Angebote bieten können.

Schließlich und endlich kann man in den Einstellungen auch bestimmte Nutzergruppen komplett von den eigenen Angeboten ausschließen, z.B. kann man Nutzer sperren, die schon mehr als ein Mal einen Artikel nicht bezahlt haben etc.

Auch Käufer aus bestimmten Ländern kann man ausschließen. Ich hatte vor einigen Jahren angefangen, auch nach Russland zu verkaufen. Nach einiger Zeit häuften sich aber die Beschwerden, bis ich feststellte, dass der russische Zoll offenbar aus politischen Gründen die Einfuhr von Waren aus der EU verzögerte. Den Ärger habe ich mir dann erspart, indem ich Käufer mit einer Lieferadresse in Russland auf die Blacklist gesetzt habe.

Auch in Italien gibt es immer wieder mal Probleme mit der Zustellung. Die Chance, dass eine Sendung ohne Sendungsverfolgung in Italien tatsächlich beim Kunden ankommt, liegt geschätzt kaum über 50%. Glückssache also.

Aktuelle Entwicklungen auf Ebay & Amazon

Auf den Frühling ist in Deutschland weniger Verlass als auf die regelmäßigen Frühjahrs- und Herbst- Updates der beiden großen Plattformbetreiber Amazon und Ebay.

Beide haben dabei in der Regel die Verbesserung des Kauferlebnisses auf ihrer Plattform im Sinn und malträtieren ihre Händler demgemäß mit Anforderungen an Service, Preis und Qualität. Zentrale Punkte in den Überlegungen der Konzern- Strategen sind dabei regelmäßig Rücknahme-Richtlinien und Versandkosten.

Spielte die erweiterte einmonatige Rücknahmefrist für Amazon bisher keine herausragende Rolle (bei Ebay gibt es die schon seit ein paar Jahren), verpflichtete Amazon im April 2017 nunmehr alle Marktplatz-Händler zur Übernahme einer so genannten „freiwilligen Rücknahmegarantie", nach der Käufer den Kauf innerhalb eines Monats widerrufen können sollen. Anders als beim gesetzlichen Widerrufsrecht, bei dem dem Käufer auch die ursprünglichen Versandkosten zu erstatten sind, verlangt Amazon dies für den über das gesetzliche Widerrufsrecht hinausgehenden Zeitraum nicht.

Neu ist hingegen auch, dass Amazon von Händlern verlangt, Kunden, die innerhalb von 14 Tagen nach Erhalt den Kauf widerrufen, die Rücksendekosten zu erstatten, wenn der Artikelpreis über 40 Euro liegt. So ganz neu ist diese Regel nicht. Das war die Gesetzeslage bis zur Novellierung des Widerrufsrechts im Jahr 2013. Beim Kauf von Schuhen, Bekleidung und Handtaschen haben die Käufer bei einem Widerruf innerhalb von 30 Tagen immer Anspruch auf Erstattung sowohl der ursprünglichen Versandkosten als auch der Rücksendekosten. Spürt Amazon hier etwa den heißen Atem von Zalando im Nacken?

Im Weihnachtsgeschäft sind Marketplace- Händler nunmehr sogar verpflichtet, Ware, die zwischen dem 1. November und dem 31. Dezember gekauft wurde, noch bis zum 31. Januar des Folgejahres zurückzunehmen.

Dieser Wust von zum Teil widersprüchlichen Regelungen muss nun von allen Amazon- Händlern seit dem 19. April 2017 in eine rechtssichere Widerrufsbelehrung eingearbeitet werden...

Wie immer dauerte es nicht lange, bis Ebay den Vorgaben hinterher hechelte und seinerseits im Kampf um die käuferfreundlichsten Bedingungen vorlegte.

Mit seinem Frühjahrs- Update hat das altehrwürdige Auktionshaus nun angekündigt, dass es gerne sehen würde, dass die Ebay- Händler ihrerseits eine freiwillige Rücknahmefrist von 60 Tagen und generelle Übernahme der Rücksendekosten anbieten sollten. Belohnt werden sollen die Händler, die diese Empfehlungen umsetzen, mit einer verbesserten Sichtbarkeit ihrer Angebote. Im Umkehrschluss bedeutet das für die Händler, die diesen Zirkus nicht mitmachen wollen, eine verschlechterte Sichtbarkeit und im Resultat weniger Umsatz.

Ich bin mir nicht sicher, ob irgendeiner dieser schlauen Wettbewerbs- Strategen das mal zu Ende denkt. Nehmen wir mal an, ich handele mit Saisonware, z.B. Skiausrüstung. Wenn die Käufer nach Ende des Winters die Möglichkeit haben, den Kauf ohne Angabe von Gründen zu widerrufen, dann ist das nichts anderes als die Einführung des „Kostenlos- Verleih- Service" – mit Erstattung der Hin- und Rücksendekosten wohlgemerkt. Tatsächlich ist das wohl auch jemandem aus der Strategieabteilung aufgefallen, weshalb Ebay die Händler damit zu beruhigen versucht, dass man Maßnahmen gegen den Missbrauch dieser verbraucherfreundlichen Richtlinien ergreifen will; wie genau das funktionieren soll, sagt Ebay (noch) nicht. Immerhin trägt Ebay für Rücksendungen bei Ebay Plus- Angeboten weiterhin die Rücksendekosten selbst.

Ebay hatte im Sommer 2016 einen Pool von handverlesenen Verkäufern gebildet, die in verschiedenen Frage- und Interview- Runden ihre Vorschläge und Wünsche zur Entwicklung des Ebay- Marktplatzes anbringen durften. Ich war selbst an diesem Projekt beteiligt und fand vieles von dem, was den Verkäufern an Ideen vorgetragen wurde, gar nicht schlecht. Seit Ende 2016 herrscht bei diesem Projekt aber inzwischen Funkstille und ob das Frühjahrs- Update tatsächlich Ideen aus dem Verkäufer- Pool widerspiegelt, scheint mir mindestens zweifelhaft.

Verkaufen auf Hood.de

Hood.de war 2013 die Nummer 3 bei den Online- Marktplätzen hinter Amazon und Ebay. Der Abstand war allerdings beachtlich; während die beiden Big Player einen Umsatz von je über 4 Mrd. Euro zu verzeichnen hatten, folgte Hood.de mit ca. 80 Mio. Euro.

Daran kann man schon ein bisschen ablesen, dass Hood eher etwas für Romantiker ist. Hood wurde als der kleine sympathische Bruder von Ebay betrachtet, der seine Einnahmen mit Werbung machte und seine Verkäufer nicht mit Verkaufsprovisionen schröpfte.

Ja, ihr habt richtig gelesen. Vor ein paar Jahren war das Verkaufen auf Hood noch komplett kostenlos. Keine Einstellgebühr, keine Verkaufsprovision.

Dazu lebte Hood von seinem guten Ranking auf Google, so dass die meisten Besucher und Käufer vermutlich keine genuinen Hood- Kunden waren sondern über eine Google- Suche da reingestolpert sind. Dass das bis heute noch so zu sein scheint, erkennt man daran, dass die meisten Käufer sich gerade erst bei Hood angemeldet haben.

Immerhin hat das dazu geführt, dass ich- zumindest in der High Season für meine Produkte- ein bisschen was auf Hood verkauft habe. Nicht überragend und meilenweit entfernt von dem, was man auf Amazon oder Ebay umsetzen kann, aber unter dem Strich ist ein bisschen was hängen geblieben.

Als Verkäufer kann man immer noch Artikel kostenlos im Auktionsformat für 14 Tage mit Sofort- Kauf- Option einstellen und die Artikel bei Nichtverkauf drei Mal automatisch kostenlos wieder einstellen lassen.

Das Ranking dieser kostenlosen Angebote ist allerdings miserabel. Sämtliche kostenpflichtigen Shop- Angebote sind in der Regel vor den kostenlosen Angeboten gerankt, so dass die Chance, bei ohnehin geringem Traffic auf der Seite mal irgendwas zu verkaufen, äußerst gering ist.

Man wird sich also für ein Shop- Abo entscheiden müssen, die es bei Hood in den schönen Trendfarben Silber, Gold und Platin gibt. Der Algorithmus ist bei Hood offenbar relativ einfach gestrickt: Je mehr man ausgibt, desto besser die Sichtbarkeit.

Natürlich gibt es auch erweiterte Features je höher das Shop- Abo (Rechnungsdruck, mehr kostenlose Bilder etc), aber das Hauptargument ist natürlich die Sichtbarkeit.

Die Preise für die Shop- Abos sind gerade angehoben worden und betragen jetzt:

Silber- Shop: 12,95 Euro
Gold- Shop: 20,95 Euro
Platin- Shop: 34,95 Euro

Wenn man ein Abo gleich für ein Jahr abschließt, gibt es noch mal Rabatte, aber da wäre ich gerade am Anfang vorsichtig, denn wenn sich die Erwartungen nicht erfüllen, hat man die Kosten für den Shop ein Jahr an der Backe.

Der Artikelimport meiner Ebay- Artikel mittels CSV- Datei klappte 2015 so leidlich. Es mussten bei allen Produkten händisch Änderungen vorgenommen werden, weil einige bei Ebay kostenlose Features bei Hood gebührenpflichtig gewesen wären.

Dazu hat Hood die EAN- Pflicht schon ein Jahr vor Ebay eingeführt. Dies geschieht offenbar auf Druck von Google, weil der Suchmaschinen-Gigant damit gedroht hat, die Angebote von Marktplätzen ohne systematische Produktkennzeichnung massiv abzuranken.

Der telefonische Support ist bei Hood übrigens wirklich gut und fachkundig. Davon könnte sich Ebay mal eine Scheibe abschneiden.

Da Hood, wie gesagt, über keine genuine eigene Käuferbasis verfügt sondern die Kunden in der Regel über eine Google- Suche bei deinen Hood- Angeboten landen, gilt für die Optimierung von Hood- Angeboten dasselbe, was in einem späteren Kapitel ganz grundsätzlich zur Suchmaschinenoptimierung gesagt werden wird.

Hood ist permanent auf der Suche nach Möglichkeiten, den eigenen Marktplatz attraktiver zu machen und geht dabei Partnerschaften mit verschiedenen Anbietern von Siegeln oder z.B. zum Import der eigenen Ebay- Bewertungen ein, die manchmal durchaus interessant sein können.

Eine Testphase, in der man seine Artikel mal für eine Weile bei Hood einstellt, um zu gucken, ob sich daraus Sales ergeben, kann sicherlich nicht schaden und ist durch den CSV- Import auch nicht so aufwändig wie ein komplettes Neu- Listing.

Der eigene Webshop

Viele Neueinsteiger sparen sich den eigenen Webshop und verkaufen ausschließlich auf den Online- Marktplätzen. Fehlendes technisches Know- how scheidet als Begründung aus, denn Programmierkenntnisse braucht bei der Vielzahl an bequemen Shop- Lösungen heute niemand mehr.

Ein eigener Shop ist schnell eingerichtet. Warum also trotzdem die seltsame Ignoranz gegenüber dem eigenen Ladenlokal im Internet, wo einem keine jung-dynamischen Key Account Developement Junior Assistants erklären, warum kostenloser Versand, Übernahme der Rücksenkekosten und Unterwerfung unter zweifelhafte Käuferschutz- Regime wichtig seien für das „Einkaufserlebnis"?

Nun, die Wahrheit ist, dass der Verkauf auf Ebay & Co trotz aller Ärgernisse bequemer ist und schneller große Umsätze generiert. Da verliert man die Freiheit und vor allem die ungleich höhere Marge in einem eigenen Shop schnell aus den Augen.

Doch gerade weil der Gewinn pro verkauftem Artikel im eigenen Shop so ungleich höher ist, sollte man sich nach dem ersten Rausch hoher Umsätze auf den Marktplätzen doch einmal daran machen, sein eigenes Zuhause ein bisschen aufzuhübschen.

Der eigene Webshop ist im wahrsten Wortsinne die Visitenkarte. Wann immer ich von irgendwelchen Leuten irgendetwas wollte, haben die sich immer als Erstes mein Internet- Zuhause angeschaut.

Sie wollen einen Kredit? Ich habe mir mal Ihren Online- Shop angeschaut…

Sie benötigen staatlich geförderten Lagerraum? Ich habe in Ihrem Webshop das und das gesehen...
Meine Großhändler, mein DHL- Vertriebs- Ansprechpartner, sogar mein chinesischer Lieferant, von dem ich Waren beziehe: alle haben sich im Internet in meinem Shop über mich informiert.

Hätte mich einer von denen ernst genommen, wenn ich gesagt hätte: Hab keinen Shop, ich verhöker nur auf Ebay & Amazon? Ich bin mir nicht sicher. Ich habe den Eindruck, dass viele Leute im Hinterkopf immer noch den Eindruck aus der Gründerzeit des Internets haben, dass Ebay der Ort war, wo Betrüger unterwegs waren und Amateure, die ihre alten CD's verkaufen wollten.

Ein seriöser Händler darf meinetwegen den Großteil seines Umsatzes auf Marktplätzen machen, aber ein eigener Shop wird einfach erwartet. Und gemäß dem Grundsatz „Don't put all eggs in one basket" ist es auch kaufmännische Vernunft, sich nicht in eine 100%ige Abhängigkeit von Amazon und Ebay zu begeben.

Basis- Shoplösungen mit den wichtigsten Anbindungen, die man so braucht, bekommt man z.B. bei Strato für ca. 20 Euro im Monat.

SEO für den eigenen Shop

Während Ebay und Amazon bei Google- Suchen automatisch auf den vorderen Plätzen auftauchen, ist es natürlich ungleich schwerer, den eigenen Webshop bei Google hochzubekommen.

Viele Hinweise, die für das Ranking bei Ebay und Amazon gelten, schaden auch beim eigenen Webshop nicht. Die wichtigsten Keywords, die man mit dem Adwords Keyword- Planner optimieren sollte, gehören in den Produkttitel, die Kurzbeschreibung sollte zwischen 90 und 150

Zeichen lang sein, damit sie vollständig bei der Google- Suche angezeigt wird und auch in der Produktbeschreibung sollten Keywords zum Beispiel mit Fettdruck formatiert werden.

In den Produktbeschreibungen sind außerdem unbedingt Zwischenüberschritten zu verwenden und diese auch mit dem <h>- Attribut für HTML- Überschriften zu kennzeichnen und nicht einfach nur in größerer Schrift abzuheben. Google weist dem Inhalt von <h>- Bereichen mehr Relevanz zu als dem Inhalt von normalen Text, also <p>- Bereichen. Deshalb eignen sich Überschriften für die Platzierung von produktbezogenen Keywords.

Bilder müssen ebenfalls den Produktnamen enthalten und nicht DSC00012.jpg heißen, damit sie für Google Relevanz entfalten können. Man glaubt ja gar nicht, wie viele Menschen ihre Produkte mit Hilfe der Google- Bildersuche finden.

Eine saubere interne Verlinkung der Produktseiten untereinander ist ebenfalls von Belang. Viele Webshop- Anbieter bieten dafür automatisierte Lösungen a la „Andere Kunden interessierten sich auch für folgende Artikel" an, die hilfreich sind.

Der wichtigste Faktor, um eine Seite populär zu machen, ist jedoch die externe Verlinkung. Google geht davon aus, dass Webseiten dann besonders interessant sind, wenn viele andere Seiten auf sie verweisen. Dieses Linkbuilding muss behutsam angegangen werden, denn nicht jeder Link auf meinen Webshop ist gleich viel wert.

Waren früher Webkataloge ein probates Mittel, um seinen Pagerank nachhaltig zu steigern, sieht Google diese Links inzwischen eher skeptisch. Links in Kommentarbereichen oder in Foren sind nicht schlecht, aber sie zählen nicht so viel wie ein Link im redaktionellen Teil einer Seite.

Nun hat nicht jeder Jungunternehmer das Glück, einen Spiegel- Online- Wirtschaftsredakteur in seinem Bekanntenkreis zu haben, der einen mit einem wohlwollenden Artikel über interessante Startups boostet. Aber vielleicht kennt ihr ja einen Online- Redateur der örtlichen Tageszeitung; für den Anfang wäre das auch schon nicht schlecht. Sponsert ein Jugendteam eures örtlichen Fußballvereins und bittet im Gegenzug darum, dass ihr auf der Webseite des Vereins verlinkt werdet. Schickt eine Pressemitteilung über Spendenaktivitäten an regionale Tageszeitungen bzw. deren Online- Redaktionen oder schreibt Stellenangebote für Online- Redakteure auf Honorarbasis und schickt diese an Universitäten.

Wer gar keine Kontakte zur Presse oder zu Weblogs hat, kann vorsichtig Linktausch- Versuche unternehmen oder in Presseportalen kostenlos Pressemitteilungen zu veröffentlichen, die einen Link zum eigenen Webshop enthalten dürfen. Diese Presseportale sind allerdings auch mit Bedacht zu nutzen.

Man sollte zudem darauf achten, dass Links auf die eigene Seite nicht als Werbung oder Reklame gekennzeichnet werden. Solche Schrottlinks schaden eher als das sie nutzen.

Mit dem neuesten Update seines Algorithmus hat Google übrigens zwei neue Komponenten in den Fokus gerückt: den Page- Speed und die soziale Verlinkung.

Gerade im mobilen Zeitalter ist es für die Benutzerfreundlichkeit unerlässlich, dass Websites schnell laden. Man sollte also besonders bei der Verwendung von Bildern auf eine web- kompatible Dateigröße achten und entsprechende Plugins verwenden, die die Webseite cachen und unnötigen Datenmüll löschen.

Bei der sozialen Verlinkung achtet Google besonders darauf, wenn aus Netzwerken wie Facebook Zugriffe auf die eigene Website erfolgen. Auch die Kommentardichte auf einer Webseite spielt für das Ranking mittlerweile eine Rolle.

Wer das nötige Kleingeld hat, kann auch eine Agentur damit beauftragen, die eigene Webseite zu boosten.

Yatego, Allyouneed, Hitmeister, Rakuten & Co

Ja, die gibt es auch alle noch und ja, es gibt Verkäufer, die behaupten, sie würden auf diesen Plattformen noch etwas verkaufen. Die meisten spotten allerdings, dass es auf diesen Plattformen mehr Verkäufer als Kunden gibt – und die haben vermutlich Recht.

Ich selbst habe ein paar Monate auf *Allyouneed* (hieß früher Mein-Paket.de) gehandelt oder besser gesagt: angeboten, denn mit Handel hatte das nur am Rande zu tun. Ich habe vielleicht zwei Artikel pro Monat dort verkauft; oft hatte ich dann auch noch eine 50%ige Rücksendequote. Ganz besonders ärgerlich ist es, wenn man dort genau den Artikel verkauft, der gerade ausverkauft ist und den man nicht raus genommen hat, weil man diese Plattformen schlicht nicht auf dem Zettel hatte und den Bestand nicht sorgfältig gepflegt hat.

Wenn man bedenkt, welche Zeit man allein für das Listing investieren muss und welche Verhaltensregeln einem solche 2 B- Plattformen aufzwingen wollen, dann ist man besser beraten, die Zeit in eine Optimierung seines eigenen Shops oder der Plattformen zu investieren, mit denen man wirklich Geld verdient.

Rakuten ist in Japan eine große Nummer und versucht sich in Deutschland zu etablieren, indem man Vertriebsmitarbeiter auf Online-

Händler loslässt, die sich von einem deutlichen „Kein Interesse" nicht abschrecken lassen und immer wieder anrufen und einen mit „Super-Sonderangeboten" zum Verkauf auf deren Plattform überreden wollen.

Hitmeister wurde 2016 von der Supermarkt- Kette Real übernommen und heißt inzwischen auch real.de. Real.de hat immerhin ein originelles Konzept. Dort tritt man nicht als Verkäufer sondern als Versandpartner auf, was die Gefahr von Abmahnungen reduziert. Hitmeister übernimmt also den Verkauf, Kundenservice, Zahlungsabwicklung und Reklamationen.

Damit sind wir dann allerdings auch schon bei einem der Schwachpunkte. Obwohl ich da offiziell nur als Lieferant auftrete, erwartet Hitmeister aber bei Reklamationen natürlich, dass ich die gesetzlichen Gewährleistungspflichten übernehme. Da jede Plattform dem Kunden gegenüber immer besonders großzügig ist, wenn es um das Geld anderer Leute geht, bin ich mir nicht so sicher, ob die Übernahme des Kundendienstes durch den Plattformbetreiber wirklich ein Vorteil ist.

Anyway, das Hauptargument gegen Hitmeister wie alle anderen Plattformen in dieser Liga bleibt natürlich die fehlende Käuferbasis. Das soll sich nun nach dem Zusammengehen mit Real zwar gebessert haben, weil die Hitmeister- Angebote nun auf der gleichen Plattform zu finden sind wie die Sonderangebote des Supermarktes und hat Anschluss an das Payback- System, doch ob dadurch tatsächlich Synergien freigesetzt werden, wenn die Hausfrau auf der Suche nach Sonderangeboten von Real- Aufschnitt auch mit meinen Produkten konfrontiert wird, die mit Lebensmitteln nichts zu tun haben, wird man abwarten müssen. Leider gibt es bei Real auch keine kostenlose Mitgliedschaft als gewerblicher Verkäufer; man muss also in jedem Fall ein Shop- Abo kaufen, das bei Real.de „Marketing- Paket" heißt.

Meine persönliche Erfahrung mit all diesen Plattformen ist also, dass sie die Zeit und das Geld, das man investiert, in aller Regel nicht wert sind und man sich nach einer Weile frustriert von diesen Marktplätzen zurückzieht.

International verkaufen

Wenn es in Deutschland Abnehmer für die eigenen Produkte gibt, ist es nicht unwahrscheinlich, dass es auch in anderen Ländern Menschen gibt, die sich für die eigenen Produkte interessieren.

Warum dieses Potential nicht nutzen und auch international verkaufen?

Zwei Dinge sind es, die Verkäufer davon abhalten: Die höheren Versandkosten und die Sprachbarriere.

Mit Ebay und Amazon bieten die beiden größten Plattformen Ableger auf den interessantesten Märkten Großbritannien, Frankreich, Italien und Spanien an. Das Anbieten in diesen Ländern ist nicht mit Zusatzkosten verbunden, so dass man die Infrastruktur und die Käuferbasis frei Haus bekommt.

Nicht „frei Haus" bekommt man natürlich den Versand, der bei Überschreiten der Landesgrenze recht teuer wird. Gerade DPD oder GLS haben aber recht attraktive Tarife für einzelne vor allem direkte Nachbarländer.

Weltweit kann man seine Waren als Deutsche Post Brief International zum gleichen Tarif anbieten. Internationale „Briefe" dürfen dabei viel größer sein als Inlandsbriefe. Länge + Breite + Höhe dürfen bis zu 90 cm betragen. Ein Paket mit den Maßen 40x30x20 cm könnte man also als Brief in jeden Winkel der Welt versenden – und das zum Preis von sieben

Euro, wenn das Gewicht ein Kilogramm nicht übersteigt. Versendet man den Brief als Einschreiben hat man noch weltweite Sendungsverfolgung für 2,55 Euro extra.

So habe ich z.b. kleine Rucksäcke um die halbe Welt nach Australien und Brasilien, in die Karibik und nach Kanada geschickt, Moskitonetze nach Tonga, in die USA, nach Ghana und skurriler Weise sogar nach China und Taiwan.

Kleine Artikel unter 500 Gramm verschickt man sogar für knapp sechs Euro. Meine Sonnenbrillen z.B. werden in Chile, Saudi Arabien, Israel und vielen weiteren Ländern getragen, eine Kofferwaage habe ich mal nach Weißrussland verschickt, einen Schlafsack und ein Nackenkissen nach Russland. Insgesamt habe ich bisher Waren in 41 Länder dieser Erde geliefert.

Man darf sich nicht die Frage stellen, warum die Leute das nicht direkt in ihren Ländern kaufen. Für viele hat das Vertrauen in Produkte aus Deutschland eine Rolle gespielt; einige waren einfach neugierig, ob das funktioniert, sich einen Artikel einmal um die Welt zu schicken zu lassen.

Neben solchen hübschen Einzelgeschichten macht der internationale Verkauf natürlich nur dann Sinn, wenn man in Qualität und Preis mit den einheimischen Artikeln konkurrieren kann. Das findet man im Zweifel durch Trial & Error raus.

Ich habe in Spanien eine ganze Weile einen einzelnen kleinen Tagesrucksack und einen 3- Jahreszeiten- Schlafsack ganz gut verkauft. Die restlichen Angebote habe ich Schritt für Schritt eingestellt, weil sie nicht in Gang gekommen sind, aber die beiden Artikel habe ich ein, zwei Jahre lang ganz ordentlich verkauft.

Erfahrungsgemäß laufen Artikel besser, wenn man die Versandkosten zumindest teilweise einpreist. Einen Rucksack für 20 Euro zu verkaufen und dann noch mal 10 Euro Versand zu nehmen, sieht für den Käufer nicht gut aus, aber 25 Euro für den Artikel und 4,99 Euro Versand wird akzeptiert. Oder gleich 29,95 Euro nehmen und mit kostenlosem Versand werben. Man darf den psychologischen Effekt nicht unterschätzen, der sich einstellt, wenn man etwas kostenlos bekommen kann.

Bei der Artikelauswahl sollte neben dem Preis die Retourenwahrscheinlichkeit eine Rolle spielen. Beim Preis ist klar, dass Artikel unter 10 Euro wenig Verkaufschancen haben, weil sich durch den Versand dann der Preis verdoppelt. Artikel mit einer hohen Fehleranfälligkeit sollte man ebenfalls nicht anbieten, weil die Gefahr von Retouren mit horrenden Versandkosten für Hin- und Rückweg besteht, die den Gewinn von zehn verkauften Artikeln auffressen können.

Auf der anderen Seite ist die Retourenquote aus dem Ausland bei mangelfreien Artikeln signifikant geringer als innerhalb von Deutschland. Vielen Käufern scheint der Aufwand einer internationalen Retoure zu groß zu sein, so dass sie sich eher mit Artikeln abfinden, die nicht hundertprozentig ihren Erwartungen entsprochen hat.

Achtung: Amazon hat 2015 eine neue Regelung eingeführt, nach der Verkäufer die Kosten der Rücksendung übernehmen müssen, wenn sie dem Kunden keine Rücksendeadresse im Marktplatzland anbieten können.

Wenn also ein Kunde auf amazon.fr einen Artikel kauft und diesen zurückgeben möchte, muss ich dem Kunden entweder eine Rücksendeadresse in Frankreich nennen oder ihm die Rücksendekosten erstatten.

Es gibt zwar jede Menge Anbieter für Retouren- Fulfillment, doch rentieren sich diese meist erst, wenn man wirklich relevanten Umsatz in dem jeweiligen Land macht. Ansonsten kann man nur Risiko gehen und sich auf die niedrigere Retourenquote im Ausland verlassen. Das kann man eine Weile probieren; wenn es sich aufgrund zu hoher Retourenquote nicht rentiert, stellt man den Verkauf dort eben ein.

Bei Ebay gibt es eine entsprechende Regelung jedenfalls Mitte 2017 noch nicht; vermutlich ist es aber nur eine Frage der Zeit, bis man dort nachzieht.

Bleibt die Frage nach der Sprachbarriere. Wenn man nicht aufgrund irgendwelcher Umstände fließend die Landessprache beherrscht oder einen Muttersprachler in seinem Bekanntenkreis hat, kann man natürlich eine professionelle Übersetzung der Produktbeschreibung in Auftrag geben.

Ich arbeite inzwischen mit der preiswerten Alternative, Freelancer auf der Internet- Plattform Freelancer.com für kurze Übersetzungen zu engagieren. Eine Produktbeschreibung bekommt man dort ziemlich professionell für unter 30 Euro übersetzt.

Stattdessen kann man natürlich die Produktbeschreibung auch grammatisch verschlanken und dann durch kostenlose Übersetzungstools wie Google Translate übersetzen lassen. Diese haben meist Schwächen bei der korrekten Grammatik, können aber Spiegelstrich- Beschreibungen ganz ordentlich übersetzen. Mit ein paar zusätzlichen Produktfotos, die ohnehin mehr sagen als 1000 Worte, kann man da zufrieden stellende Ergebnisse erzielen.

Achtung: Wie auch im nationalen Versand muss man besonders im internationalen Versand daran denken, dass eine

Versandkostenpauschale steuerlich gesehen eine Einnahme ist, die der Umsatzsteuer unterliegt; auch die Plattformbetreiber wie Ebay und Amazon berechnen Verkaufsprovisionen auch auf die Versandkosten.

Versende ich z.B. als Deutsche Post Brief für 9,55 Euro und kalkuliere auch nur mit 9,55 für den Versand, dann zahle ich drauf, denn der Finanzminister kassiert von den 9,55 Euro 19% Umsatzsteuer und Amazon noch mal 15% Verkaufsprovision.

Richtig Umsatz macht man im europäischen Ausland auf Amazon natürlich, wenn man „Fulfilment by Amazon" (FBA) nutzt. Man sendet also seine Produkte an ein Fulfilment- Center im Ausland, z.B in Frankreich und Amazon verkauft sie dann für einen. Dabei übernimmt Amazon nicht nur den Versand, sondern auch den Kundendienst und natürlich hat man mit FBA auch gleich die erforderliche Rücksendeadresse im Marktplatz- Land.

Das Attraktivste am Fulfilment durch Amazon ist aber der Preis für die Dienstleistung. Muss ich für einen internationalen Brief bis 1 kg 9,55 Euro zahlen und der Kunde dann ca. eine Woche auf die Lieferung warten, bietet Amazon den Service für ca. 3,50 Euro und versendet noch am selben Tag.

Das Lagern von Warenbestand in einem anderen Land führt allerdings zu umsatzsteuerlichen Pflichten, die man unbedingt beachten muss. Wir haben dazu ja schon im Amazon- Kapitel etwas gelernt und gehen darauf im Versand- Kapitel noch näher ein.

Wenn man FBA in Deutschland nutzt, kann man seine Produkte mit einem Klick auch für den Verkauf und Versand auf allen anderen Plattformen anbieten. Amazon erstellt dann nicht nur Produktbeschreibungen in der Marktplatzsprache auf den Plattformen in England, Frankreich, Spanien und Italien (die allerdings noch mal seriös überarbeitet werden sollten) sondern verschickt die Artikel aus Deutschland dann auch europaweit für nur ca. einen Euro mehr als für FBA- Versand in Deutschland.

Das sieht dann so aus:

ANGEBOTE ANDERER MARKETPLACE-SITES VERWALTEN

Sie können diesen Artikel auch bei anderen Amazon Marketplace-Sites anbieten. Es wird die gleiche SKU 12-821D-PLVA wird versendet, und Sie können den Preis bearbeiten Achtung: Die Stückzahlen und Zustandsangaben zu Ihren Artikeln gelten für alle Marketplace-Sites gleichzeitig.

AMAZON.CO.UK

Ihr Preis   GBP 19,99

AMAZON.FR

Ihr Preis   € 19,99

AMAZON.IT

Ihr Preis   € 19,99

AMAZON.ES

Ihr Preis   € 19,99

Abbrechen   Speichern und beenden

Geht dazu im Sellercentral in den Lagerbestand und klickt dann hinter dem gewünschten Artikel hinten auf Bearbeiten. Geht dann auf den Reiter „Angebot" und scrollt ganz nach unten. Dort könnt ihr euren Artikel dann einfach mit einem Preis für das jeweilige Land ausstatten und speichern. Schon ist der Artikel auf allen Plattformen gelistet und kann dort von Kunden gekauft werden.

Meine Erfahrung ist, dass man hin und wieder mal einen Zufallstreffer hat, wenn man die Artikelbeschreibung, die Amazon automatisch erstellt, nicht bearbeitet. Wenn man diese aber ein bisschen optimiert, vor allem sinnvolle Bullet points erstellt, dann kann man in allen Ländern deutlich mehr Umsatz erzielen als bei einem Angebot mit Eigenversand aus Deutschland.

Übrigens bietet Amazon auch Multi- Channel- Versand an. Ihr könnt also theoretisch auch eure Ebay- Bestellungen aus Frankreich von Amazon verschicken lassen. Die Tarife hierfür sind allerdings wesentlich höher als die für den Amazon- hauseigenen Versand und kaum günstiger als wenn man die Sachen selbst über seinen eigenen Versanddienstleister verschickt.

Rechnungen für Kunden erstellen

„Ich hätte gerne noch eine Rechnung zu meiner Bestellung"...

Verdammt, wir haben uns mit Warenbeschaffung, Abverkauf und Versand beschäftigt und nun kommt ein Kunde mit so was!

Anders als im B2B- Handel, wo man gesetzlich verpflichtet ist, dem Handelspartner ungefragt eine Rechnung zu liefern, ist dies beim Verkauf nicht automatisch vorgeschrieben. Lediglich wenn ein Kunde dies wünscht, muss man ihm eine Rechnung zukommen lassen.

95% aller Privatkäufer benötigen tatsächlich keine Rechnung. Ich selbst benötige sie auch nur, wenn ich eine Möglichkeit sehe, den gekauften Artikel von der Steuer absetzen zu können. Auch euer Steuerberater will in der Regel nur die Gesamtsumme eurer Verkäufe, aber nicht sämtliche Rechnungen aller Einzelverkäufe. So neigt man als Verkäufer schnell dazu, sich über Rechnungen keine Gedanken zu machen. Das kann fatal sein, denn als gewerblicher Händler ist man im Zweifel dem Finanzamt gegenüber zur Rechnungslegung verpflichtet.

Wenn ich also so ca. 10000 Artikel im Jahr verkaufe, muss ich dann meinen Keller ausbauen, um all die ausgedruckten Rechnungen zu lagern? Ganz so schlimm ist es nicht, denn Rechnungen können auch elektronisch erteilt und archiviert werden. Trotzdem ist es mit Aufwand verbunden, denn eine Rechnung muss ein paar gesetzliche Mindestanforderungen erfüllen.

Wer bei Ebay den Verkaufsmanager Pro nutzt, der hat zumindest ein rudimentäres Tool zum Erstellen von Rechnungen. Bei Amazon hingegen gab es bisher keinerlei Möglichkeit, eine Rechnung für den Kunden zu erstellen. Erst seit Anfang 2017 experimentiert Amazon mit der Einführung des so genannten Umsatzsteuer- Berechnungsservice, der aktuell auch noch kostenlos angeboten wird.

Bisher ist man dennoch für seriöse Rechnungserstellung auf die Hilfe von Drittanbietern angewiesen, von denen es Dutzende gibt. Der günstigste und für Anfänger am einfachsten handhabbare Anbieter ist die ehemalige Ebay- Tochter Afterbuy. Hier kann man sich die Verkäufe auf den wichtigsten Plattformen importieren und dann für jede Transaktion Lieferschein, Rechnung, Sendungsverfolgung etc erstellen und automatisiert dem Kunden per Mail zukommen lassen.

Leider hat Afterbuy nach einem Besitzerwechsel Anfang 2017 die Preise deutlich erhöht; dennoch ist Afterbuy gerade für Einsteiger mit 200 bis 500 Transaktionen im Monat immer noch einer der günstigsten Anbieter.

Was muss in einer Rechnung enthalten sein?

Wir vernachlässigen für die Frage, was in eine Rechnung alles reingehört, mal den Fall, dass Ihr einen anderen Unternehmer beliefert, was im Onlinehandel eher selten der Fall ist. Für eine Rechnung an einen Verbraucher, die unterhalb des Schwellenwertes von 150 Euro liegt, gilt §33 der Umsatzsteuerdurchführungsverordnung (UStDV), der die Anforderungen an die Rechnungsstellung deutlich reduziert. Hiernach muss die Rechnung folgende Pflichtangaben enthalten:

- der vollständigen Namen und die vollständige Anschrift des leistenden Unternehmers
- das Ausstellungsdatum
- die Menge und die Art der gelieferten Gegenstände oder den Umfang und die Art der sonstigen Leistung
- das Entgelt und den darauf entfallenden Steuerbetrag für die Lieferung oder sonstige Leistung in einer Summe sowie den anzuwendenden Steuersatz oder im Fall einer Steuerbefreiung einen Hinweis darauf, dass für die Lieferung oder sonstige Leistung eine Steuerbefreiung gilt

Wichtig für Kleinunternehmer ist, dass diese keine Umsatzsteuer ausweisen dürfen, weil ja auch keine Umsatzsteuer abgeführt wird.

Für Händler, die FBA nutzen und dabei die Option „Lagerbestand in einem anderen Land" freigeschaltet haben, ist zu beachten, dass man die Umsatzsteuer an das jeweilige Land abzuführen hat, in dem die eigene Ware lagert. Das bedeutet, dass man grundsätzlich polnische Umsatzsteuer von 23%, tschechische von 21% oder französische von 20% zahlen muss und dann natürlich auf der Rechnung auch keine deutsche Mehrwertsteuer ausweisen darf. Dazu später noch ausführlicher.

Marketing

Früher haben Einzelhändler eine Anzeige in der Tageszeitung geschaltet oder dem örtlichen Anzeigenblatt einen Prospekt beigelegt. Pizza-Lieferdienste haben jeden Briefkasten in 20 km Umkreis mit einem Flyer bestückt und der örtliche Klempner hat seinen Namen im Telefonbuch für ein paar Mark extra groß drucken lassen.

Im Internet- Zeitalter funktioniert Marketing anders.

Listung auf Preissuchmaschinen

Das Branchenbuch des 21. Jahrhunderts sind Preissuchmaschinen. Es hilft schließlich überhaupt nichts, wenn man die tollsten Produkte zu den coolsten Schnäppchen- Preisen anbietet, aber keine Sau den Weg zum eigenen Webshop findet.

Die wohl bekannteste „Preissuchmaschine" ist Google. Findet man den eigenen Webshop zu den relevanten Suchbegriffen auf der ersten Seite bei Google, hat man gewonnen. Wie man da hinkommt, damit befassen sich Kolonnen von Suchmaschinenoptimierern und wenn man davon überhaupt keine Ahnung hat, sollte man sich Hilfe holen. Ein paar Basics gab es dazu ja schon im Abschnitt zum eigenen Webshop.

Google macht es aber auch gegen Geld. Die hauseigene Preissuchmaschine heißt Google Shopping und soll hier jetzt ein bisschen näher vorgestellt werden.

Google Shopping

Anders als bei den Google- Adwords- Anzeigen sieht man bei einer Google- Shopping- Anzeige gleich das Produkt mit Titel, Bild und Preis, was die Kaufwahrscheinlichkeit, mindestens aber die Konversionsrate erhöht.

Da man bei Google per Klick bezahlt, hat man als Händler natürlich ein Interesse, dass möglichst nur die Leute auf die Anzeige klicken, die das Produkt später dann auch kaufen. Das ist natürlich wahrscheinlicher je aussagekräftiger die Produktdarstellung und je überzeugender der Preis ist.

Man benötigt für eine Google- Shopping- Kampagne zwei Konten: eines im Google Merchant Center und ein Adwords- Konto.

Das Google Merchant Center fungiert gewissermaßen als Produktdatenbank, aus der man dann die eigentliche Kampagne in Adwords speist.

Hat man ein Merchant Center- Konto eröffnet, so muss man als Erstes einen Produktdaten- Feed anlegen. Man gibt dazu unter „Allgemeine Einstellungen" zunächst die URL des eigenen Shops ein und legt dann unter „Daten- Feeds" einen neuen Feed mit dem Zielland Deutschland an.

Die meisten Shopsysteme verfügen über Schnittstellen, mittels derer die Produktdaten- Feeds bereitgestellt werden können.

In vielen Kategorien ist es erforderlich, die eigenen Artikel einer Google- Shopping- Kategorie zuzuordnen. Google hat eine eigene Taxonomie angelegt, nach der Produkte systematisiert werden.

Die Taxonomie mit Anwendungsbeispielen findet ihr unter
https://support.google.com/merchants/answer/160081

Als Nächstes verknüpft ihr euer Merchant Center unter dem Punkt Einstellungen/Adwords mit eurem Adwords- Konto.

Habt ihr die gewünschten Produkte also als Feed im Merchant Center, meldet ihr euch in eurem Adwords- Konto an und erstellt unter dem Punkt „Kampagnen" über die Schaltfläche „+ Kampagne" eine Shopping- Kampagne, indem ihr im Dropdown- Menu „Shopping" auswählt.

Auf der ersten Seite nehmt ihr dann die Grundeinstellungen für die Kampagne vor. Als Händler- ID nehmt ihr die ID eures Merchant Center- Kontos und als Absatzland in der Regel Deutschland. Wenn Ihr nicht alle im Merchant Center hinterlegten Produkte bewerben wollt, könnt ihr das hier mit dem Inventarfilter ändern.

Unter „Gebotsstrategie legt ihr den Preis fest, den ihr maximal für einen Kick zu zahlen bereit seid. Das bedeutet nicht, dass euch jeder Klick den Maximalbetrag kostet. Unter Budget gebt ihr den Betrag an, den ihr pro Tag für die Kampagne aufwenden wollt.

Es empfiehlt sich, ein bisschen mit den Werten zu probieren. Das Problem, den richtigen Preis für einen Klick zu finden, besteht darin, dass man natürlich einerseits so wenig wie möglich zahlen möchte, andererseits die eigenen Anzeigen bei einem zu niedrigen Gebot nie eingeblendet werden und man dann natürlich auch nichts verkaufen kann.

Will man z.B. Produkte auf einem hart umkämpften Markt wie z.B. Handys verkaufen, gibt als Maximalgebot aber nur 10 Cent ein, wird es hunderte von anderen Anbietern geben, die mehr zahlen und dann natürlich auch häufiger eingeblendet werden. Das ist zwar Budget schonend, aber kontraproduktiv.

Auf der anderen Seite muss man natürlich auch ein Auge darauf haben, wie viel man an einem verkauften Artikel verdient. Da nicht jeder, der klickt, auch kauft, wird man also mit einer ganzen Reihe von bezahlten Klicks kalkulieren müssen, bevor man einen Gewinn erzielt.

Verkaufe ich z.b. niedrigpreisige Artikel, an denen ich vielleicht ein, zwei Euro verdiene, macht es keinen Sinn, ein Maximalgebot von 50 Cent abzugeben, da dann die Zahl der unproduktiven, nicht konvertierenden Klicks das Ganze zu einem Minusgeschäft werden lässt.

Man muss übrigens nicht für alle Artikel denselben Betrag bieten sondern kann auf der zweiten Seite der Kampagnenerstellung in Adwords Anzeigengruppen und darin wiederum Produktgruppen erstellen, für die man unterschiedliche Gebotsstrategien wählen kann.

Standardmäßig ist in Google Adwords zunächst eine Anzeigengruppe vorhanden, in der eine Produktgruppe mit dem Namen „Alle Produkte" enthalten ist. Diese Einstellung kann man so beibehalten, wenn man für alle Artikel das gleiche Maximalgebot abgeben möchte.

Es empfiehlt sich aber, diese Produktgruppe anhand der von Google vorgegebenen Produktattribute zu unterteilen und unterschiedliche Gebotsstrategien für die einzelnen Produktgruppen festzulegen.

Die verfügbaren Produktattribute, nach denen man unterteilen kann, sind: Marke, Artikel-ID, benutzerdefiniertes Label, Produkttyp oder Google-Produktkategorie.

Ein Handy- Händler könnte also sein Sortiment z.b. nach Marken in Apple-, Samsumg- oder HTC- Geräte oder z.b. nach Smartphone, Tablet etc. aufteilen oder nach Artikel- ID auch einfach für jeden Artikel eine eigene Produktgruppe anlegen.

Was sinnvoll ist, kann man pauschal natürlich nicht sagen, weil es sehr vom Produkt, Verkaufschancen, Wettbewerb oder Marge abhängig ist. Hier muss man sich entweder von Spezialisten beraten lassen oder sich selbst durch trial-and-error- Versuche mit der Zeit zum Spezialisten machen.

Fazit: *Nach einigen ernüchternden ersten Versuchen kann man sehen, wie sich Google- Shopping- Anzeigen mit der Zeit immer mehr auszahlen. Um bis dahin nicht zu viel Lehrgeld zu zahlen, sollte man sich vor der ersten Kampagne ein bisschen einlesen und vielleicht auch mal Rat einholen.*

Billiger.de

Bei Billiger.de wird der Interessenkonflikt zwischen dem, was ich als Verkäufer möchte und dem was Billiger.de will, am deutlichsten.

Ich als Verkäufer habe ein Interesse, mit möglichst wenig Klicks maximal viel Umsatz zu machen. Ich möchte also Produkte mit möglichst hoher Marge verkaufen, ohne dafür allzu viele Klicks zu benötigen. Das Verhältnis zwischen Klicks und Verkäufen nennt man Konversionsrate.

Eine Konversionsrate von um die 10% gilt im Online- Handel schon mal als gar nicht so schlecht. Wenn also jeder zehnte Interessent das Produkt tatsächlich kauft, kann man sich nicht wirklich beklagen. Das bedeutet aber eben auch, dass ich bei Billiger.de zehn Klicks a 0,23 Euro = 2,30 Euro zahlen muss, um einen Artikel zu verkaufen.

Gerade wenn man im kleinpreisigen Segment unterwegs ist, wo man bestenfalls Margen von zwei bis drei Euro je Artikel hat, wird eine Listung bei Billiger.de, aber auch bei allen anderen Preissuchmaschinen also faktisch keinen Sinn ergeben.

Man muss sein Sortiment sehr genau auf die Verkaufschancen und die Marge, die man erzielen kann, abklopfen, um am Ende nicht ordentlich drauf zu zahlen.

Bei meiner ersten Kampagne hatte ich all das nicht beachtet und einfach meinen ganzen Warenbestand zu Billiger.de übertragen in dem irrigen Glauben, die würden da schon irgendeine Differenzierung vornehmen.

Die Wahrheit ist: Der Preissuchmaschine ist es völlig egal, was dein Artikel kostet und wie viel du daran verdienst. Bei meiner ersten Kampagne wurde ein Kinderfahrradhelm, den ich mehr so als Randprodukt zur Abrundung des Sortiments angeboten hatte, von Billiger.de offenbar prominent auf der Startseite angezeigt, wo man mich fast in den Ruin geklickt hätte.

Als ich nach drei Tagen erstmals in die Klickstatistiken geschaut hatte, standen da 100 Klicks für den bescheuerten Fahrradhelm, während die gewinnträchtigen Artikel gar keine oder nur geringe Klickzahlen hatten.

Ergebnis: Das für den ganzen Monat kalkulierte Budget war nach drei Tagen verbraten. Verkäufe gleich Null.

Neben einer genauen Analyse hinsichtlich der Verkaufsaussichten ist es also auch wichtig, das Budget zu limitieren. Leider kann man das bei Billiger.de nur bezogen auf den Monat machen. Obwohl der vertragliche Mindestumsatz nur 20 Euro monatlich beträgt, lässt sich das Budget nicht niedriger als 50 Euro/Monat einstellen. Wenn man nicht mehr als 20 Euro im Monat für Klicks investieren will, bleibt einem nur die Möglichkeit, eine neue Datei ohne Produkte zu Billiger.de hochzuladen. Dann ist man nicht mehr gelistet, gibt aber auch kein Geld mehr für sinnlose Klicks aus.

Fazit: *Meine Erfahrung mit Billiger.de ist die, dass eine Listung immer nur für kurze Kampagnen in der Hauptsaison Sinn ergibt. Sämtliche Versuche, meinen schwächelnden Umsatz in der Nebensaison mittels Preissuchmaschine ein bisschen zu optimieren, sind gescheitert.*

Idealo

Viele Händler schwärmen von Idealo und dem Umsatz, den sie über diese Plattform machen. Offenbar ist der Traffic, den Idealo ohne Zweifel auf seiner Seite hat, aber sehr branchenabhängig. Ich war dort für ca. drei Monate in der Hauptsaison mit einer Reihe von Produkten gelistet, für die ich mir aufgrund des Sortiments auf Idealo gute Verkaufschancen ausgerechnet hatte.

Nach drei Monaten habe ich die Listung gekündigt. Idealo hatte mir in der Zeit genau zwei (!) Klicks vermittelt. Immerhin waren sie so fair, mir diese zwei Klicks nicht auch noch in Rechnung zu stellen.

Nach Eingang meiner Kündigung rief mich noch eine Key Account Managerin an und meinte, vielleicht seien es die falschen Produkte, die ich gelistet hätte und ich solle es doch mal mit anderen Produkten aus meinem Sortiment versuchen.

Zum einen hatte ich zur gleichen Zeit die gleichen Produkte auch bei Billiger.de mit ungleich größerem Erfolg gelistet, zum anderen kommt es mir ja anders als Idealo nicht darauf an, möglichst viele teure Klicks zu produzieren sondern ich möchte Kunden für Produkte vermittelt bekommen, an denen ich etwas verdiene.

Im Vergleich zu manch anderen teuren Missverständnissen im Händler-Leben war dieses Missverständnis harmlos und ich glaube, dass Idealo für bestimmte Produkte und Branchen auch gut geeignet sein kann.

Fazit: *Da man bei den klassischen Preissuchmaschinen wie Idealo oder Billiger.de die costs per click nicht selbst bestimmt, kommen diese eigentlich nur für mittel- bis hochpreisige Artikel in Frage, da die Klick-Kosten bei günstigen Artikeln dann schnell die Marge auffressen.*

Anzeigenkampagnen bei Ebay und Amazon

Tatsächlich scheint die Schaltung von Anzeigen direkt auf den großen beiden Marktplätzen am aussichtsreichsten, auch wenn man sich ärgern mag, dass man dann über die Verkaufsgebühren hinaus auch noch Anzeigengebühren zahlt.

Wie oben im Amazon- Kapitel schon erwähnt, sind Verkäufe, die durch gekaufte Anzeigen initiiert werden, bei der Einführung eines Produktes der schnellste Weg, um den Artikel auch in der organischen Suche nach oben zu bekommen. Für das Ranking in der organischen Suche ist Verkaufshäufigkeit und Verkaufswahrscheinlichkeit von entscheidender Bedeutung. Beides ist bei neu eingeführten Produkten natürlich zunächst gering. Je schneller man durch Anzeigen Verkäufe generiert, desto schneller auch der Aufstieg im Ranking, wenn man während der Kampagne die gewonnenen Erkenntnisse zu Suchbegriffen auch direkt zur Verfeinerung der Kampagne nutzt und entsprechend die Relevanz der Suchtreffer und damit letzten Endes auch die Kaufwahrscheinlichkeit erhöht.

Bei Ebay funktionieren die Kampagnen nach einem anderen Prinzip. Hier gibt man ebenfalls wie bei Amazon, Google oder den Preissuchmaschinen selbst ein Gebot ab, wie viel man für die Anzeige zu zahlen bereit ist

Während allerdings bei allen anderen genannten Anbietern die Gebühr schon fällig wird, wenn eure Anzeige angeklickt wird, zahlt ihr bei Ebay erst, wenn der Artikel auch wirklich verkauft wurde. Als Gebot gebt ihr dabei eine Prozentangabe von Verkaufspreis zwischen einem und 20% an.

Das Charmante hieran ist natürlich die bessere Berechenbarkeit. Ich weiß genau, wie viel ich an Ebay für einen verkauften Artikel bezahlen muss und kann diese Gebühr ggf. vorher schon einpreisen.

Nehmen wir an, ich verkaufe einen Artikel für 24,99 Euro. Nehmen wir an, ich biete Ebay 5 Prozent als Anzeigengebühr. Dann weiß ich, um wie viel ich den Artikelpreis erhöhen muss, um in etwa die gleiche Marge zu haben wie vorher.

Bei Google, Amazon und den Preissuchmaschinen weiß ich nicht, ob ich einen Verkauf pro zehn Klicks oder pro 15 Klicks oder vielleicht auch nur einen Verkauf pro hundert Klicks habe. Ich weiß also nicht, wie viel ich investieren muss, um einen Artikel zu verkaufen. Das macht die Anzeigenkampagnen auf Ebay so charmant.

Soziale Medien

Ich bin eigentlich immer skeptisch, was den Hype um die Verkaufschancen angeht, die sich auf Facebook & Co ergeben sollen.

Tatsächlich ist es aber unbestreitbar, dass sich die Wege der Informationsbeschaffung nicht nur bei jungen Menschen in den letzten zehn Jahren spürbar gewandelt haben. Hat man sich vor zehn Jahren von Google auf Wissens- Webseiten leiten lassen, wo man sich seine Infos gesaugt hat, tut man das heute in viel größerem Umfang auf Blogs, in Foren und – ja, natürlich – auch bei Facebook.

Facebook hatte vor einigen Jahren sogar schon ein eigenes Shop- Modul auf seiner Seite, wo man die Produkte direkt an die Zielgruppe bringen konnte. Das war aber offenbar doch nicht subtil genug; jedenfalls gibt es diese Facebook- Shops nicht mehr.

Was es aber natürlich weiterhin gibt, ist Werbung, die ein bisschen ähnlich wie bei Google funktioniert. Da Facebook von seinen Usern bereitwillig Daten über Interessen etc. geliefert bekommt, ist es für Händler natürlich interessant, seine Produkte auf Basis dieser Daten direkt an die Zielgruppe zu bringen. Wer viele Urlaubsfotos postet, bekommt Koffersets eingeblendet; wer seine Liebe zu einem bestimmten Fußballverein zum Ausdruck bringt, der bekommt das Fan- Merchandising angeboten.

Das eigentlich neue Verkaufspotential von Facebook liegt aber natürlich in der Chance, Facebook- Nutzer zu „Produkt- Botschaftern" zu machen, die aus Überzeugung in ihrem Freundeskreis die Botschaft verbreiten, dass das Produkt xy total geil ist.

Wer meint, dass das total theoretisch ist, kann ja mal darüber nachdenken, wann er sich das letzte Mal einen Eimer Eiswasser über den Kopf gegossen hat…

Darüber hinaus hat jedes noch so kleine Unternehmen inzwischen seine Facebook- Page, die allerdings nur wirklich Sinn macht, wenn man sie pflegt und dort nicht nur ein Mal im Monat seine Sonderangebote postet.

Wer in seinen Produktbeschreibungen eh mit Videos arbeitet, kann diese natürlich auch auf seinen eigenen Youtube- Channel hochladen.

Verpackung und Versand

Verpackung

Je nachdem, welche Art von Artikeln man verkauft, wird man sich Gedanken machen müssen, wie man diese unbeschädigt und auch ein bisschen repräsentativ zum Kunden bekommt. Verkauft man überwiegend kleinformatige Artikel kommt man vielleicht noch vergleichsweise billig mit ein paar Briefumschlägen davon, doch der Regelfall wird der Versand in einem Karton sein.

Und so banal diese Erkenntnis klingt: Papier- und Kartons sind ja auch irgendwie nur dickes Papier- kostet richtig Geld!

Folgende Faktoren bestimmen den Preis:

Abnahmemenge: Ist klar, je mehr Kartons man kauft, desto günstiger wird der Stückpreis; aber nicht jeder hat eine große Garage, wo er ein paar tausend Kartonagen zwischenlagern kann. Im Übrigen ist von der Lagerung von Kartons in feuchten, klammen oder kalten Räumen eh abzuraten…

Kartongröße: Nachvollziehbarer Weise ist es grundsätzlich so, dass der Preis steigt, je mehr Rohstoff verbaut, je größer der Karton also wird. Davon gibt es aber eine kleine Abweichung, denn der Preis ist auch abhängig von

Standardformaten: Bestimmte nachgefragte Kartongrößen sind günstiger als Sonderformate, die kaum nachgefragt werden, für die die Maschineneinstellungen also beim Zuschnitt extra geändert werden müssen.

Stabilität: Ein zweiwelliger Karton ist stabiler, aber natürlich auch teurer als ein einwelliger. Je nach Beschaffenheit des Produktes, das man verkauft, muss man abwägen, ob eine zweiwellige Kartonage erforderlich ist. Verkaufe ich Weinkelche aus Kristallglas, lohnt sich die Investition in stabile Kartons vermutlich. Verkaufe ich jedoch Textilien oder andere nicht fragile Güter muss der Karton im Idealfall ja nur einen Weg zum Kunden überstehen.

Extras: So ein bisschen was fürs eigene Ego und sicherlich auch fürs Branding wie z.b. das eigene Logo auf den Karton gedruckt, sieht zwar geil aus, ist aber auch entsprechend deutlich teurer und für den Anfänger sicherlich ein bisschen viel des Guten. Einen ähnlichen Effekt kann man übrigens mit Aufklebern erzielen, die deutlich preiswerter sind.

Aus alledem ergibt sich das Erfordernis, möglichst hohe Stückzahlen von möglichst wenigen verschiedenen, dafür aber gängigen Formaten einzukaufen.

Bei mir hat das dazu geführt, dass ich von dem hehren Vorsatz, möglichst für jedes Produkt einen möglichst gut passenden Karton parat zu haben, schnell abgerückt bin. In meiner Praxis und für mein Sortiment hat sich schließlich das Format 40 x 30 x 20 cm als Universalformat durchgesetzt. Dabei scheue ich nicht davor zurück, größere Artikel zu falten oder einzurollen. Meine ursprünglichen Skrupel und Ängste vor negativen Kundenrückmeldungen haben sich alles in allem nicht bewahrheitet; ich habe so- im Vergleich zu der Alternative, für jeden Artikel eine passende Kartonage in kleinerer Stückzahl zu kaufen - allein im vergangenen Jahr eine vierstellige Summe eingespart.

Ein gutes Preis-/Leistungsverhältnis bieten z.B. karton.eu oder Karton-König; Verpackungskoenig.de ist günstig, aber die Kartonagen sind oft sehr dünn. Als Anfänger mit einer geringen Stückzahl an Kartons sollte man mit 40 bis 50 Cent netto pro Kartonage rechnen.

Ebay hat übrigens eine Kooperation mit dem Kartonagen- Händler Paket Plus gestartet und man bekommt dort subventionierte Kartonagen und Luftpolsterumschläge mit Ebay- Logo. Wer viel auf Ebay verkauft, für den kann das interessant sein.

Der Vollständigkeit halber sei an dieser Stelle auch an die neue Verpackungsverordnung erinnert. Nach der alten Verpackungsverordnung musste man einen albernen Hinweis unter seine Angebote setzen, dass der Käufer die Umverpackungen zurückgeben kann.

Das hat natürlich keinerlei verpackungssparenden Wert gehabt. So sind nach der neuen Verordnung alle Händler verpflichtet, sich einem Recycling- System wie dem Dualen System anzuschließen, wenn man Umverpackungen wie Plastikfolien, Kartonagen oder Dämmmaterialien in Verkehr bringt.

Von dieser Regel gibt es keine Ausnahme. Die Gebühren sind je nach Recycler, nach wirtschaftlicher Leistungskraft und nach Art der Umverpackung unterschiedlich. Manche Kartonhersteller melden die von Ihnen in Verkehr gebrachten Kartonagen bereits bei einem Dualen System an; solche Kartons müssen dann natürlich nicht noch einmal angemeldet werden.

Eine relativ preiswerte Lösung für Anfänger ist die Landbell AG (www.landbell.de), die einem die Verpackungen für einen Pauschalpreis von 75 Euro netto pro Jahr für die ersten zwei Jahre zertifizieren. Das entspricht einem Volumen von ca. 400 Kartonagen. Ab dem dritten Jahr wird es dann allerdings deutlich teurer.

Versanddienstleister

Das Charakteristische am Online- Handel ist, dass die Ware irgendwie zum Kunden geschafft werden muss. Da sich Privatdrohnen noch nicht am Markt durchgesetzt haben, wird man in der Regel auf Versanddienstleister zurückgreifen. Als Anfänger landet man meist zunächst bei den Online- Frankierungen von DHL und freut sich über den Euro, den man gegenüber den Filialpreisen spart.

Trotzdem ist für den professionellen Händler hier natürlich noch mächtig Luft, denn die großen Versandunternehmen kämpfen um jeden kleinen Händler und unterbreiten deshalb durchaus ordentliche Konditionen.

Ich selbst habe mit DHL und DPD versendet, bin aber auch schon von Hermes oder GLS angerufen worden, die mir ein gutes Angebot unterbreiten wollten, dann aber vor den Preisen, die ich bei der Konkurrenz hatte, schnell in die Knie gegangen sind.

Aus Erfahrung weiß ich, dass DHL schon bei einem eher geringen Versandvolumen von ca. 1000 Paketen im Jahr Preise anbietet, die deutliche Einsparungen gegenüber den Online- Frankierungen mit sich bringen.

Im Preis inbegriffen ist die Abholung der Pakete bei dir zu Hause und die Nutzung der DHL- eigenen Online- Versandsoftware, die zudem einen Datenimport von Ebay ermöglicht. Darüber hinaus darf man die Flächenabdeckung von DHL nicht unterschätzen, die nicht nur ermöglicht, dass Paketstations- Adressen oder Inseln ohne Aufpreis beliefert werden sondern generell dazu führt, dass mit DHL versandte Pakete im Schnitt schneller beim Kunden ankommen als bei der Konkurrenz. Dazu kommt die Samstagszustellung und –beförderung. DPD z.B. stellt zwar inzwischen auch samstags zu, aber Pakete, die man samstags bei DPD einliefert, werden vor Montag nicht befördert sondern schlummern das Wochenende über im Depot.

Dazu kommt auch noch der ganz praktische Nutzen, dass man Bestellungen, die nach der Regelabholung noch eingehen, ohne Probleme in einer Postfiliale einliefern kann. Bei der Konkurrenz muss man erst lange nach dem nächsten Paketshop fahnden und hoffen, dass der Fahrer die Pakete dort nicht schon am Vormittag abgeholt hat.

Alles das führt also unter dem Strich dazu, dass DHL schneller ausliefert als die Konkurrenz und man muss überlegen, ob einem das ein paar Extra- Cent wert ist.

Bei DPD ist die Abholung auch im Preis inbegriffen; ebenso die Nutzung der Online- Versandsoftware MyDPD Pro. Ein Datenimport ist über DPD Web Services möglich, wenn man mit einem Tool wie Afterbuy arbeitet.

Während DHL nur einen Zustellversuch unternimmt, sind es bei DPD zwei und anders als bei DHL wird man bei DPD in MyDPD Pro über Zustellhindernisse informiert, so dass man aktiv versuchen kann, Adressprobleme mit dem Kunden zu klären. Findet DHL einen Namen nicht am Klingelschild, so wird das Paket sofort kostenpflichtig zurück geschickt. Das ist nicht nur wegen der Zusatzkosten für die Rücksendung von immerhin 4 Euro ärgerlich sondern auch wegen der Auseinandersetzung mit dem Kunden, der natürlich nie Schuld sein will und erst recht nicht einsieht, 4 Euro Rücksendeentgelt plus Kosten eines Zweitversands tragen zu müssen.

Insgesamt würde ich Neulingen wohl dazu raten, sich zunächst einmal an DHL zu wenden. Der zuständige Gebietsbetreuer vom DHL Vertrieb wird sich relativ schnell mit dir treffen wollen und dir ein Angebot unterbreiten.

Soweit ich weiß, sind die Preisstaffeln für Händler bis 5000 Pakete pro Jahr weitgehend vorgegeben. Ab 5000 Pakete/Jahr kann man frei verhandeln und geht DHL auch individuell auf die Bedürfnisse von Händlern ein. Meine Pakete waren z.b. zu ca. 85% unter 2 kg schwer, deshalb war es mir wichtig, hier eine Entlastung zu bekommen, während mir der Preis von Paketen über 5 kg praktisch egal war.

Versand über Reseller

Um auch als kleiner Händler einen besseren Preis zu bekommen, kann man auch über Reseller versenden. Reseller sind Großkunden der Versandunternehmen, die aufgrund der Menge an versendeten Paketen einen deutlich niedrigeren Stückpreis haben und den Preisvorteil ein Stück weit an kleinere Händler weitergeben.

Im DHL- Bereich ist *paketoutlet.de* relativ populär, weil man dort ohne Vertragsbindung und ohne Mindeststückzahl Preise bekommt, die deutlich unter der Online- Frankierung liegen. Bei der Registrierung muss man seinen gewerblichen Status nachweisen; danach kann man in der Online-Maske der Webseite munter drauflos frankieren.

Alle zwei Wochen bekommt man von Paketoutlet eine Rechnung per Mail zugesandt, die man schon im eigenen Interesse schnell begleichen sollte, da einem sonst der Zugang gesperrt wird.

Im Jahr 2016 sind die Preise bei Paketoutlet wie folgt gestaffelt:

Bis 3 kg: 3,75 Euro
Bis 10 kg: 4,40 Euro
Bis 30 kg: 7,20 Euro

Da die Preise dort in den letzten zwei Jahren deutlich angezogen haben und noch eine neue Staffelung bis 3 kg eingezogen wurde, nutze ich den Service nicht mehr.

Im DPD- Bereich gibt es mit **Greiff Consulting** einen großen Preisbrecher, der als Vermittler auftritt. Man wird dann DPD- Geschäftskunde mit Greiff- Konditionen. Greiff kassiert dann pro Paket eine Provision, die sich aus der Ersparnis berechnet, die der neue Vertrag einem bringt. Um in den Genuss dieser Konditionen zu kommen, darf man vorher aber weder DPD- Geschäftskunde gewesen sein, noch sich schon ein Angebot von DPD unterbreitet lassen haben.

Die Greiff- Konditionen variieren also je nachdem, wie viel man bisher bezahlt hat. Sie werden aber bei den meisten vermutlich deutlich unter den Preisen von Paketoutlet liegen.

Beide, sowohl DHL als auch DPD, im Angebot hat **paket.ag/Easylox**, bei denen man allerdings für die Nutzung des Services eine monatliche Grundgebühr von aktuell 9,95 Euro zahlt.

Man kann dann bei jedem Paket entscheiden, mit welchem der beiden Transportunternehmen man das frankieren möchte. Die Preise für ein DHL- Paket mit bis zu 2 kg beginnen bei konkurrenzfähigen 3,14 Euro. Man wird bei Easylox nicht Geschäftskunde von DHL oder DPD, kann den Service also auch nutzen, wenn man schon Kunde bei einem der beiden ist, aber schlechtere Konditionen hat.

Man darf die Grundgebühr nicht außer Acht lassen, die man auf die Zahl der versendeten Pakete umrechnen muss. Versendet man nur wenige Pakete im Monat, steigt der Paketpreis durch die Grundgebühr natürlich stärker an als bei großen Volumina.

Fulfillment by Amazon

Man kann den Versand auch komplett von externen Anbietern machen lassen. Die bekannteste dieser so genannten Fulfillment- Lösungen ist wohl Fulfillment by Amazon (FBA).

Man schickt dazu seinen Lagerbestand oder auch nur ein paar gut laufende Produkte an Amazon, die die Ware in ihren Logistikzentren einlagern und dann Bestellungen direkt von dort versenden. Das funktioniert auch für Multichannel- Bestellungen, also z.b. Ebay- oder Bestellungen aus dem eigenen Shop, allerdings sind die Preise dort empfindlich höher.

Für Amazon- Bestellungen sind die Preise jedenfalls für Artikel in Standardgröße (bis 45 x 34 x 26 cm) so günstig, dass es fast schon keinen Sinn mehr macht, die Bestellungen selbst zu verschicken.

Ich verkaufe z.B. Moskitonetze recht gut, ein Produkt in Standardgröße, das knapp unter einem Kilogramm Versandgewicht hat, ergo bei Versand durch Amazon 3,02 Euro kostet. Ich zahle für DHL- Versand 3,14 Euro, was ein überragend starker Tarif ist. Dazu kommen bei mir noch Kosten für Verpackung, Labels und die Zeit, die ich damit verbrauche. Da bin ich sehr schnell bei 3,50 Euro und mehr.

Darüber hinaus übernimmt Amazon für die durch sie versandten Produkte den Kundenservice; man hat also keine Kundenmails mehr zu beantworten a la „Wo bleibt meine Bestellung" etc.

Hier die Gebühren- Übersicht für „Nicht- Medien- Produkte in Standardgröße":

1. VERSANDGEBÜHR *(Gebühr pro Einheit, basierend auf Abmessungen und Gewicht)*

Vergleichen Sie die **Abmessungen Ihres Produkts (in Zentimeter)** und das **Gewicht der ausgehenden Sendung (in Gramm)** mit der nachfolgenden Tabelle. Wenn die Abmessungen des verpackten Produkts auf irgendeiner Seite oder das Gewicht der ausgehenden Sendung einen der angegebenen Werte überschreiten, gehen Sie bitte zur nächsthöheren Klasse bzw. nachfolgenden Tabellenzeile weiter.

Gewicht der ausgehenden Sendung (Gramm) = Gewicht Ihrer Einheit + Gewicht unserer Verpackung

Verpackungstyp (Gewicht unserer Verpackung - Gramm)	Abmessungen Ihres Produkts (cm)	Gewicht der ausgehenden Sendung (Gramm)	Gebühr*
Kleiner Briefumschlag *(20 g)*	≤ 20 x 15 x 1 cm	0 - 100 g	1,60 €
Standard-Briefumschlag *(40 g)*	≤ 33 x 23 x 2,5 cm	0 - 100 g	1,72 €
		101 - 250 g	1,73 €
		251 - 500 g	1,77 €
Großer Briefumschlag *(40 g)*	≤ 33 x 23 x 5 cm	0 - 1.000 g	2,14 €
Standard-Paket *(100 g)*	≤ 45 x 34 x 26 cm	0 - 250 g	2,32 €
		251 - 500 g	2,41 €
		501 - 1.000 g	2,98 €
		1.001 - 1.500 g	3,04 €
		1.501 - 2.000 g	3,10 €
		2.001 - 3.000 g	4,18 €
		3.001 - 4.000 g	4,19 €
		4.001 - 5.000 g	4,19 €
		5.001 - 6.000 g	4,27 €
		6.001 - 7.000 g	4,27 €
		7.001 - 8.000 g	4,40 €
		8.001 - 9.000 g	4,40 €
		9.001 - 10.000 g	4,40 €
		10.001 - 11.000 g	4,40 €
		11.001 - 12.000 g	4,41 €

*Ab dem 19. Juli 2018 erhöhen sich für Verkäufer, die Amazon nicht autorisieren, ihren deutschen „Versand durch Amazon"-Lagerbestand in Amazon-Logistikzentren in Polen und der Tschechischen Republik zu lagern und abzuwickeln, die Versandgebühren um 0,25 € pro versandter Einheit. Erfahren Sie mehr über das Programm zur Erweiterung des Logistiknetzwerks (Programm Mitteleuropa) und darüber, wie Sie die Lagerung in Polen und der Tschechischen Republik im Rahmen dieses Programms genehmigen können: Geschäftsbedingungen lesen und akzeptieren.

Hinweis: Die Gewichte der Einheiten, Abmessungen und andere Maßangaben, die zur Berechnung von Gebühren herangezogen werden, werden von Amazon festgelegt und können verpackungsbedingten Schwankungen unterliegen. Die Abmessungen beinhalten die Verpackung der Artikel und können aufgrund der Verpackungsart variieren.

Darüber hinaus wird eine Lagergebühr fällig, die 2017 deutlich erhöht wurde und nun für die Monate Januar bis September 18 Euro und für Oktober bis Dezember 30 Euro je Kubikmeter beträgt.

Für Multichannel- Bestellungen, also alle anderen als Amazon-Bestellungen sind die Gebühren höher, weil pauschal je Artikel eine Pick + Pack- Gebühr von 1,60 Euro zu den Versandkosten addiert wird.

Übergrößen, also Artikel, die in einem der Maße über Standardgröße hinausgehen, sind für FBA praktisch uninteressant, weil die Paketpreise beginnend mit 4,80 Euro für ein Paket mit max. einem Kilogramm deutlich höher sind als das, was man als Geschäftskunde bei einem Versanddienstleister bezahlt.

Kurioserweise sind die Preise für Übergrößen im Internationalen Versand dann schon wieder recht attraktiv. Ein Paket mit 2 kg für 6,94 Euro nach Frankreich, Italien oder Spanien- das ist auf jeden Fall konkurrenzfähig. Neuerdings gibt es einen kleinen Pferdefuß bei der schönen bunten FBA-Welt. Bisher hatte Amazon den Lagerbestand in seinen deutschen Distributionszentren gelagert und von dort aus verschickt. Da ist steuerlich dann nichts dran zu beanstanden.

Jetzt hat Amazon allerdings neue Distributionszentren in Polen und Tschechien gebaut und möchte natürlich den Lagerbestand deutscher Händler auch dort lagern und von dort versenden – und da wird es dann kompliziert.

Ohne steuerrechtlich da ins Detail zu gehen: Es ist so, dass ein deutscher Händler, der seinen Lagerbestand in ein anderes EU- Land auslagert und von dort versenden lässt, steuerlich in diesem Land registriert sein muss. Versende ich als deutscher Händler selbst aus Deutschland in ein anderes EU- Land, wird die Umsatzsteuer ganz normal beim Händler in Deutschland fällig (es sei denn, der Kunde ist ebenfalls Unternehmer, aber darum geht es hier nicht).

Versende ich aber aus Polen nach Deutschland, wird grundsätzlich die polnische Umsatzsteuer fällig. Ich kann mich zwar unter bestimmten Bedingungen der deutschen Umsatzsteuer unterwerfen (was vorliegend sogar Sinn macht, weil diese niedriger ist als in Polen), doch das ändert nichts an dem Zwang, mich in Polen und der Tschechei umsatzsteuerlich zu registrieren und entsprechende Steuererklärungen abzugeben.

Man kann zwar derzeit noch die Erlaubnis, den Warenbestand ins EU-Ausland zu schaffen, verweigern, doch ist dann erstens ein Aufschlag auf die FBA- Preise fällig und zweitens ist anzunehmen, dass diese Möglichkeit der Verweigerung früher oder später entfallen wird.

Natürlich gibt es für die umsatzsteuerrechtliche Problematik auch wieder Dienstleister, die einem den Registrierungskram und die monatlich zu erstellenden Vorsteueranmeldungen abnehmen.

Dabei gibt es Anbieter, die einen Pauschalpreis für die Registrierung nehmen und dann niedrige monatliche Gebühren für die Voranmeldungen oder Anbieter, die die Registrierung vermeintlich kostenlos durchführen, dann aber deutlich höhere monatliche Gebühren nehmen.

Zu ersteren gehört die auch von mir verwendete niederländische Agentur GVC, bei denen die Registrierung 400 Euro, die monatlichen Anmeldungen dafür aber nur 50 Euro kosten (so lange der Umsatz unter 5000 Euro im Monat bleibt, sonst 1 Prozent der Anmeldesumme); zu zweiteren z.B. FBA-Hero, die zwar die Anmeldung kostenlos machen, dafür aber monatlich 150 Euro berechnen.

Inzwischen hat Amazon Sonderkonditionen für seine Händler mit dem Steuerberatungsdienstleister Avalara ausgehandelt, der eine Jahresgebühr von 600 Euro für Registrierung und Voranmeldungen pro Land berechnet.

Ob sich die Registrierung in Polen und Tschechien rentiert, hängt davon ab, wie viele Artikel ihr im Jahr über FBA verkauft. Derzeit beträgt der Aufschlag für ausschließliche Lagerung in Deutschland 50 Cent je verkauften Artikel. Wenn ihr im Jahr 1200 Euro Mehrkosten für die Registrierung in Polen und Tschechien habt, seid ihr günstiger mit dem Lagerstandort Deutschland, wenn ihr weniger als 2400 Artikel über FBA verkauft. Verkauft ihr dagegen über 2400 Artikel im Jahr, wäre das „Projekt Mitteleuropa" entsprechend günstiger. Im ersten Jahr kommen im Rahmen der Anmeldung allerdings noch ein paar Zusatzkosten für die Beschaffung von Dokumenten hinzu. So muss z. B. die Gewerbeanmeldung von vereidigten Übersetzern sowohl ins Polnische als auch ins Tschechische übersetzt werden. Beide Länder akzeptieren auch nur Original- Dokumente, so dass man sich beim Gewerbeamt Abschriften seiner Gewerbeanmeldung besorgen muss. Die Registrierungen für Polen und Tschechien sind insgesamt deutlich zeitaufwendiger als z.b. die Registrierung in Frankreich.

Dadurch, dass ihr auf die Anwendung der Lieferschwelle auch bei Umsätzen unter 100000 Euro pro Jahr verzichten könnt, zahlt ihr faktisch ganz normal weiter eure Umsatzsteuer in Deutschland und Avalara macht die Meldungen für euch in Polen und Tschechien, ohne dass ihr dort tatsächlich Umsatzsteuer zahlt.

Achtung: Auf die Anwendung der Lieferschwelle könnt ihr erst einen Monat nach erfolgreicher Registrierung verzichten. Wenn ihr den Lagerbestand schon vorher in diesen beiden Ländern aktiviert, müsst ihr im ersten Monat auch die höhere Umsatzsteuer in Polen und Tschechien zahlen.

Verwirrend wird es allerdings, wenn ihr eure in Polen gelagerten Artikel auch auf den europäischen Marktplätzen von Amazon anbietet. Wird also der in Polen gelagerte Artikel an einen Kunden in Frankreich verkauft oder auch in Österreich verkauft, könnt ihr die Umsatzsteuer hierauf nicht in Deutschland abführen. Dann beginnt die Sache aufwendig zu werden und man muss sich überlegen, ob der zusätzliche Umsatz durch den Verkauf auf anderen Plattformen die möglichen zusätzlichen Kosten bzw. steuerlichen Probleme rechtfertigt.

Verkauft man in einem Land tatsächlich eine relevante Menge an Artikeln, so kann man sich natürlich auch überlegen, sich dort umsatzsteuerlich zu registrieren und dort Lagerbestand zu halten. Das hat den Vorteil, dass die eigenen Angebote dann in dem Land mit Lagerbestand auch das wertvolle Prime- Logo bekommen.

Ich habe mich beispielsweise für die zusätzliche Registrierung in Frankreich entschieden, weil wir dort mit Prime deutlich mehr verkaufen als vorher. Das hängt aber natürlich sehr von Produkt und Konkurrenzsituation auf den jeweiligen Marktplätzen ab. Die Registrierung in Frankreich ist deutlich weniger aufwendig als anderswo. Tatsächlich braucht man dort nur seine Gewerbeanmeldung als pdf. Dafür benötigt man für den Lastschrifteinzug der Umsatzsteuer durch die französischen Finanzbehörden ein Geschäftskonto, da diese nur SEPA-Firmenlastschriften akzeptieren.

Andere Fulfillment- Anbieter

Fulfillment scheint ein wachsender Markt zu sein. Von kleinen Mittelständlern bis hin zu den Großen der Transportbranche tummeln sich eine Reihe namhafter Anbieter. Allen gemeinsam ist die Zurückhaltung bei transparenter Preisgestaltung. Kaum ein Anbieter, der seine Preise pauschal auf der Webseite veröffentlicht. Vielmehr setzen die meisten auf individuelle Absprachen mit den Händlern.

DHL weist immerhin ehrlich darauf hin, dass ihre Fulfillment- Tochter DHL eparcel mit den kleinen Shops nichts zu tun haben will. Sie bieten ihre Dienste explizit „schon ab" einem Sendungsvolumen von 10.000 Sendungen im Jahr an.

Ein Anbieter, der auch für „nicht-mehr-ganz-Anfänger" interessant sein kann ist yousellwesend.de. Hier gibt es immerhin einen Kalkulator, mit dem man einen Überblick über die Kosten bekommt, indem man Zahl der täglichen Sendungen, Lagerfläche in Kubikmetern, Gewicht der Sendungen, Sortimentsgröße und Retouren angibt.

Für einen kleinen Händler mit ca. 300 Sendungen im Monat a ca. 2 kg und 20 m³ Lagerfläche summiert sich das auf ca. 1600 Euro im Monat. Wenn man allerdings mal zusammen rechnet, was man selbst so bei seinem Logistikpartner zahlt, wie viel für Kartonagen und Verpackungsmaterial, Klebeband usw. dazukommt und den Zeitaufwand für das Verpacken und Frankieren als Geldwerten Vorteil anerkennt, für den relativiert sich der erst einmal hohe Preis dann doch- insbesondere, wenn man keine große Garage hat und für seinen eigenen Lagerplatz auch Miete bezahlt.

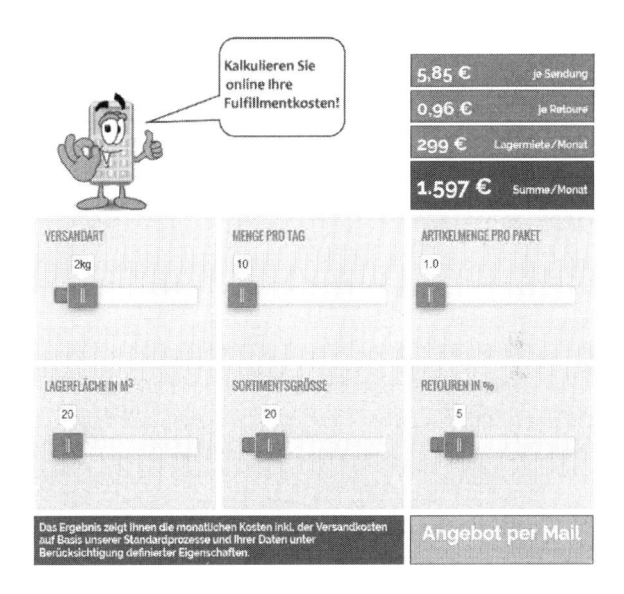

Weitere Anbieter, die man bei Interesse googeln kann, sind Arvato, Baur Fulfillment, Esellersfriend, Docdata und auch Hermes hat sein eigenes Fulfillment- Angebot.

Da ich die Erfahrung gemacht habe, dass kleinere Dienstleister für kleine Online- Händler die bessere Lösung sind als die großen Player, bei denen man immer den Eindruck hat, dass die gar nicht so richtig Interesse an mir als Kunden haben, möchte ich noch die Lion Spezialtransporte GmbH aus Forst empfehlen, die sowohl Importe aus China durchführen als auch Lager- und Fulfillment- Lösungen anbieten.

Im Idealfall holen die „Löwen" also die Ware aus China ab, lagern sie in ihrem Lager ein und versenden sie von dort auf Bestellung, so dass man die Ware nie zu Gesicht bekommen muss- wenn man das möchte. Die Preise werden natürlich individuell berechnet; das Angebot, das man mir gemacht hatte, war aber durchaus interessant und konkurrenzfähig.

Payment- Lösungen – Paypal & Co

Anders als bei dem vertrauten Face-to-face- Einkauf im Einzelhandelsgeschäft, wo ich zahle und mit der Ware aus dem Laden gehe, erfordert der Einkauf im Internet Vertrauen, da der Käufer hier in der Regel in Vorkasse treten muss.

Wenig erstaunlich daher, dass beim Kunden eher die Zahlungsmethoden beliebt sind, bei denen er erst nachträglich zahlt oder zumindest die Möglichkeit hat, seine Zahlung zurückzubuchen.

Dies ist bei Rechnungskauf, Lastschriftzahlung oder Zahlung per Kreditkarte der Fall.

Ferner möchten Kunden ungerne erst irgendein Konto bei irgendeinem Zahlungsanbieter eröffnen müssen, um einen Kaufvorgang abzuschließen. Paypal ist inzwischen so verbreitet, dass viele Käufer dort bereits ein Konto haben; gleiches gilt ggf. für Amazon Payments, aber andere Anbieter wie Skrill oder Postpay haben es da noch schwer.

Generell sagt man, dass die Kaufwahrscheinlichkeit größer wird, je mehr Zahlungsmöglichkeiten angeboten werden. Trotzdem muss man nicht jede noch so unbekannte Zahlungsmethode anbieten- das erschwert eher, den Überblick zu behalten.

Rechnungskauf

Beim Rechnungskauf ist das Risiko für den Verkäufer extrem groß, denn der Verkäufer geht in Vorleistung und liefert, ohne dass die Bestellung schon bezahlt wurde.

Die Gefahr, dass der Käufer vergisst, die Rechnung zu begleichen, ist relativ hoch und manche Käufer vergessen es nicht sondern zahlen ganz bewusst nicht, weil sie darauf spekulieren, dass dem Verkäufer das Betreiben der Forderung zu aufwendig ist.

Letzteres ist oft tatsächlich der Fall. Mahnwesen, Abgabe an einen Inkasso- Dienst, gerichtlicher Mahnbescheid sind aufwändig und kosten Geld, das man am Ende nicht wieder bekommt, wenn die Forderung nicht eingetrieben werden kann.

Eine Umfrage unter Händlern, die Rechnungskauf anbieten hat ergeben, dass bei 8,5% „Zahlungsstörungen" auftreten, also die Zahlung mindestens nicht pünktlich geleistet wird und es bei 4,6% tatsächlich zum Zahlungsausfall kommt.

Eine Lösung kann der abgesicherte Rechnungskauf sein, also der Rechnungskauf über einen Zahlungsanbieter wie Payolution, Paypal, Paymorrow, Trust´n Pay, Klarna, Billpay, Ratepay und Payprotect. Alle genannten Anbieter führen Identitäts- und Bonitätsprüfung sowie das Forderungsmanagement durch und übernehmen das Zahlungsausfallrisiko. Diesen Service lassen sich allerdings alle Anbieter auch zum Teil teuer bezahlen.

Mitglieder des Händlerbundes können übrigens die außergerichtlichen Forderungen im Rahmen ihrer Mitgliedschaft (je nach Paket) vom Händlerbund übernehmen lassen. Dennoch ist der Rechnungskauf für kleine Händler eher nicht empfehlenswert- es sei denn, man macht das über einen Payment- Anbieter und gibt die Mehrkosten an die Kunden weiter.

Lastschrift- Verfahren

Das Lastschriftverfahren ist die beliebteste Zahlart der Deutschen. Gegenüber dem Rechnungskauf hat die Lastschrift den Vorteil, dass der Käufer zumindest die Zahlung nicht vergessen kann, weil der Betrag vom Konto des Käufers eingezogen wird.

Allerdings bleibt hier die Möglichkeit des Betruges durch Angabe falscher Kontodaten und die noch ärgerlichere Rückbuchung, die jeder Bankkunde innerhalb von sechs Wochen vornehmen kann, um sein Geld zurückzuholen. Gegen Rückbuchungen kann man sich nicht wehren und sie kosten den Verkäufer viel Geld, weil eine Gebühr für die Rückbuchung anfällt.

Zudem benötigt man für die Durchführung des Lastschriftverfahren zwingend ein Geschäftskonto und eine Bank, die einem das LSV auch anbietet. Bei Neukunden sind Banken oft zurückhaltend, weil die Gefahr der Rückbuchungen den Charakter eines Kreditrahmens hat, den die Bank dem Händler einräumen muss. Dies muss also vorher mit der Geschäftsbank abgeklärt werden.

Zudem benötigt man für die Durchführung des Lastschriftverfahrens eine Gläubiger- Identifikationsnummer, die man allerdings relativ stressfrei bei der Deutschen Bundesbank beantragen kann (https://extranet.bundesbank.de/scp/).

Für das Lastschriftverfahren gilt das Gleiche wie für den Rechnungskauf; man sollte sie als Neuling über einen Zahlungsdienstleister wie Paypal anbieten, die die Forderungen betreiben und das Ausfallrisiko übernehmen.

Kreditkarte

Machen wir es kurz: Die so genannten PCI Datensicherheitsstandards, Sicherheitsvorschriften der großen Kreditkartenunternehmen, die man erfüllen muss, um mit den persönlichen Daten der Kunden rumhantieren zu dürfen, sind für kleine Händler regelmäßig eine Überforderung. Da bei Nichteinhaltung Strafzahlungen drohen, rate ich davon ab, Kreditkartenzahlung selbständig anzubieten.

Alle drei bisher genannten Zahlarten würde ich als kleiner Händler eher nicht selbst anbieten sondern über einen Zahlungsdienstleister. Inzwischen gibt es dort auch praktische Software- Lösungen, die die Nutzung einer Zahlart ermöglichen, ohne dass ein Konto bei dem Zahlungsdienstleister eröffnet werden muss.

Nachnahme

Die Nachnahme ist grundsätzlich noch recht beliebt beim Kunden, weil die Zahlung eben erst bei der Lieferung fällig wird. Die hohen Gebühren (bei DHL insgesamt sechs Euro, vier Euro für die Nachnahme, zwei Euro für den Zusteller) halten Käufer aber immer mehr davon ab, noch per Nachnahme zu zahlen.

Für den Verkäufer birgt die Nachnahme das Risiko, dass es sich der Kunde von der Bestellung bis zur fälligen Zahlung an der Haustür anders überlegt und die Annahme verweigert oder das Paket nicht aus der Filiale abholt. Die Kosten, auf denen der Verkäufer dann hängen bleibt, sind mit dem Porto, dem Rücksendeentgelt in Höhe von 4 Euro und den Nachnahme- Gebühren von 4 Euro extrem hoch.

Im Grunde genommen ist die Nachnahme als Zahlungsmethode praktisch tot.

Wer sie trotzdem anbieten will, muss eine Vereinbarung mit seinem Versandunternehmen abschließen, die die Zahlung für den Händler eintreiben.

Bei mir wurden Nachnahme- Zahler immer seltener und der Prozentsatz der Ausfälle immer höher, so dass ich diese Zahlart inzwischen rausgeschmissen habe.

Vorkasse/Sofortüberweisung

Dies ist die Lieblings- Zahlungsmethode des Händlers. Die Vorkasse- Zahlung kann vom Käufer nicht zurück gebucht werden und ist als normale Überweisung gebührenfrei. Als Sofortüberweisung wird zwar eine Gebühr fällig, dafür ist die Zahlung sofort verfügbar und der Verkäufer kann die Bestellung sofort versenden.

Für die Einrichtung der Sofortüberweisung benötigt ihr ein Konto auf sofort.com. Da die meisten Shopsysteme fertige Module für die Integration der Sofortüberweisung haben, ist die technische Integration meist ein Kinderspiel.

Paypal

Die ehemalige Ebay- Tochter ist der Marktführer bei den E- Payment- Systemen, was vor allem auf die Monopol- Stellung als Leib- und- Magen- Zahlungsdienst von Ebay zurückzuführen ist. Inzwischen ist die profitable Tochter selbstständig und fester Bestandteil jedes Online-Shops, der etwas verkaufen möchte.

Paypal bietet auch das volle Programm, also Zahlung auf Rechnung, per Kreditkarte oder per Lastschrift. Ganz aktuell mischt Paypal den Markt mit der Einführung von Paypal Plus für Shopbetreiber auf, einer mobil optimierten Version des Checkout- Prozesses, bei der „Lastschrift" und „Kreditkarte" als eigenständige Zahlungsmethoden aufgeführt sind.

Auch bisher konnte man über Paypal mit Kreditkarte oder Lastschrift bezahlen, doch das war nur für Insider möglich, weil diese Zahlungsarten hinter dem Paypal- Button versteckt waren und man wissen musste, dass man auch ohne Paypal- Konto mit Paypal per Lastschrift zahlen konnte.

Nun wird darauf schon bei der Auswahl der Zahlungsmethode hingewiesen und Kreditkarte und Lastschrift haben eigene, selbstständige Buttons. Ich habe Paypal Plus nun Anfang 2016 eingebunden und frei geschaltet und die Zahl der Kaufabbrüche im Checkout- Prozess ist tatsächlich zurückgegangen.

Wer übrigens als Verkäufer noch kein Paypal- Konto hat, muss sich eins zulegen und dieses mit seinem Girokonto verknüpfen, damit Paypal die Zahlungslimits für den Empfang von Zahlungen aufhebt.

Die Beliebtheit von Paypal beim Kunden ist in der Kostenfreiheit begründet. Zudem sind Zahlungen über den Paypal- Käuferschutz abgesichert, was dem Kunden das gute Gefühl gibt, nicht Opfer irgendeines Internet- Betrügers werden zu können.

Für den Verkäufer hat Paypal vor allem den Vorteil, dass die Zahlung sofort verfügbar ist. Die Gebühren sind mit 0,35 Euro je Transaktion und 1,9% vom Gesamtwert im Normbereich dessen, was man für E- Payment- Systeme eben so zahlen muss. Für Paypal Plus steigen die Gebühren auf 3,4% plus 0,35 Euro, was mit der Übernahme des Zahlungsausfallrisikos bei den abgedeckten Zahlarten begründet wird.

Ein weiterer Vorteil ist, dass die meisten Kunden, die regelmäßig online einkaufen, bereits ein Paypal- Konto haben, also nicht extra für den Einkauf in meinem Shop irgendetwas Neues einrichten müssen. Das machen Kunden verständlicherweise äußerst ungern.

Was manchmal ein bisschen unsympathisch daher kommt, sind die mitunter vollkommen sinnfreien Entscheidungen des Paypal- Käuferschutzes, dem man sich mit der Nutzung von Paypal unterwirft.

Ist ein Kunde aus welchen Gründen auch immer der Meinung, dass irgendetwas mit dem Artikel, den er gekauft hat, nicht stimmt, kann er einen Fall bei Paypal öffnen. 99% der Fälle enden bei Paypal damit, dass der Käufer sein Geld wieder bekommt.

Vor ein paar Jahren war es noch so, dass die Käuferschutz- Exzesse ganz und gar absurde Ausmaße angenommen hatten. In dem Wahn, den Käufer bloß nicht in seinem Sicherheitsgefühl gegenüber Paypal enttäuschen zu wollen, wurde auf Teufel komm raus erstattet – und das natürlich aus dem Guthaben des Verkäufers.

Dieser Wahn, den guten Onkel mit dem Geld Anderer zu spielen, hat sich zum Glück etwas abgeschwächt. Noch immer bekommen Kunden Erstattungen, auch wenn selbst der Paypal- Mitarbeiter einräumt, dass der Kunde vermutlich im Unrecht ist, doch inzwischen geht der Trend dann bei kleinen Beträgen eher dahin, dass Paypal die Kosten der Erstattung übernimmt. Immer noch ärgerlich, wenn Kunden in dreister betrügerischer Absicht Fälle öffnen können und dafür am Ende noch belohnt werden, aber immerhin ist es nicht mehr mein Geld.

Tatsächlich habe ich inzwischen sogar ein paar Einzelfälle gehabt, wo Paypal gegen den Käufer entschieden hat. Paypal ist also bemüht, ein

Gleichgewicht zu halten zwischen dem Vertrauen der Käufer in die sichere Zahlungsmethode Paypal und der Geduld der Verkäufer, die schließlich am Ende das Geld für Paypal machen.

Fazit: An Paypal als Zahlungsmethode kommt kein Händler vorbei und alle gängigen Shopsysteme haben Schnittstellen mit Paypal.

Amazon Payments

Das Amazon- Äquivalent zu Paypal Plus ist Amazon Payments, wobei bei Amazon Payments der Kunde ein Amazon- Konto haben muss.

Da viele Online- Shopper einen Amazon Account haben, mag es für diese shopping- affine Zielgruppe reizvoll sein, auch in einem fremden Online- Shop die gewohnte Amazon Zahlungsabwicklung durchführen zu können. Das beinhaltet natürlich auch alle verschiedenen Zahlarten, die Amazon seinen Kunden anbietet.

Für den Verkäufer hat Amazon Payments eigentlich keine Vorteile, wenn man schon Paypal Plus integriert hat. Denn mit Paypal Plus hat man die Zahlarten an Bord, die gewünscht sind, ohne dass der Kunde unbedingt ein Paypal- Konto haben muss.

Darüber hinaus bekommt Amazon wiederum wertvolle Daten z.B. über gut laufende Produkte und es wäre nicht das erste Mal, wenn die eigenen Kassenschlager plötzlich auf Amazon unter „Verkauf und Versand durch Amazon" auftauchen würden.

Attraktiv, das muss man zugeben, ist allerdings der Preis, denn das Zahlungs- Fulfilment hat keine monatlichen Grundgebühren, bietet Schutz vor Zahlungsausfall und kostet exakt das Gleiche wie Paypal vor

Einführung von Paypal Plus, also 1,9% plus Grundgebühr von 0,35 Euro je Transaktion.

Skrill (ehemals Moneybookers)

Skrill bietet den Full- Service, den Paypal bietet- nur schon viel länger und ein bisschen günstiger. Trotzdem hat sich Skrill beim Kunden nie richtig durchsetzen können. Vor die Wahl gestellt, verschiedene Bezahlmethoden über einen Paypal- Checkout anzubieten, der dem Kunden vertraut ist oder auf einen unbekannteren Anbieter wie Skrill zu setzen, würde ich mich dann doch für die Nummer Sicher entscheiden.

Paymill

Paymill ist ebenfalls ein Fullservice- Anbieter, über den viele wichtige Bezahlmethoden angeboten werden können – darunter die von Zahlungsausfall bedrohten Lastschriften und Kreditkartenzahlungen.

Die Transaktionsgebühren sind bei Paymill zwar niedriger als bei anderen Anbietern, dafür übernimmt der Anbieter nicht das Zahlungsausfallrisiko. Wird also eine Lastschrift zurück gebucht, bleibt der Händler auf dem Zahlungsausfall sitzen.

Klarna

Wer einen Schwerpunkt in Skandinavien hat, kommt an Klarna nicht vorbei, die dort hoch oben im Norden Europas extrem bekannt und beliebt sind. Klarna ist auch der einzige mir bekannte größere Anbieter, der Ratenkauf anbietet.

Es gibt noch Dutzende weitere Anbieter im E- Payment; viele davon konzentrieren sich auf große und mittelgroße Händler und sind daher für Einsteiger uninteressant. Andere verlangen eben, dass die Kunden bei Ihnen erst ein Konto anlegen müssen, um den Bezahlvorgang abzuschließen, was kaum ein Kunde macht.

Mir scheint der Mix aus Paypal Plus (mit Paypal, Lastschrift, Kreditkarte und bald auch Rechnung), Vorkasse/Sofortüberweisung und ggf. noch Nachnahme ausreichend zu sein, weil er jedem interessierten Kunden mit sehr hoher Wahrscheinlichkeit eine seiner Lieblings- Zahlarten bietet.

In bestimmten Branchen ist die Versuchung groß, den Kunden zur Verwendung einer für den Verkäufer genehmen Zahlart zu bewegen, indem man für andere Zahlarten Gebühren verlangt. Dies wird teilweise auch in der Absicht gemacht, über den eigentlichen Preis seiner Ware hinwegzutäuschen.

Man kennt das von den Flugbuchungsportalen, wo man mit einem Schnäppchenpreis geködert wird, im Laufe der Buchung alle möglichen zusätzlichen Gebühren aufaddiert werden und am Ende schließlich für die Zahlung mit Kreditkarte noch mal 20 bis 50 Euro verlangt werden.

Rechtlich ist es so, dass Gebühren für die Zahlung nur in der Höhe an den Kunden weitergegeben werden dürfen, in der sie für den Verkäufer auch anfallen. Eine kleine Extra- Marge in die Zahlart- Gebühr einzubauen, ist daher unzulässig.

Zudem ist es so, dass dem Kunden mindestens eine gängige Bezahlungsmethode kostenlos angeboten werden muss.

Interessenten- und Beschwerdemanagement

Als Online- Händler bekommt man eine Menge Mails. Mails von Interessenten sind in der Regel sympathischer, weil sie die Aussicht auf Verkäufe beinhalten. Mails von Kunden hingegen sind in 95% der Fälle Reklamationen oder Beschwerden.

Bei den Interessenten darf man sich allerdings auch nicht dem Irrglauben hingeben, dass jeder, der eine Frage zu einem Produkt stellt, auch ein ernsthaftes Kaufinteresse hat. Als Anfänger habe ich mich zunächst bemüht, jede Frage, so komisch oder unsinnig sie mir auch vorkam, seriös zu beantworten; immer in der Hoffnung natürlich, dass der Interessent zum Kunden wird, wenn man auf seine Fragen ausführlich eingeht.

Mit der Zeit bekommt man aber ein Gespür dafür, welche Fragen tatsächlich aus ehrlichem Interesse an einem Produkt gestellt werden und wer einfach nur Langeweile hat und Verkäufern auf die Nerven gehen will.

Ich behaupte, dass ich inzwischen an der Fragestellung erkenne, in welche Kategorie die Frage fällt. Detailfragen, die schon auf den ersten Blick keinen Sinn ergeben, werden in aller Regel auch auf den zweiten Blick nicht sinnvoller.

Typisch hierfür sind Fragen a la „Wie lang ist der Reißverschluss?" Selbst wenn diese Frage einen tieferen Sinn hätte, wäre ich fast froh, wenn der Fragesteller nicht bei mir kauft, denn solche Kunden werden mit an Sicherheit grenzender Wahrscheinlichkeit später aus irgendeinem Grund reklamieren.

Einer meiner Favoriten auf der Liste der absurden Fragen, war die, ob ich dem Interessenten mal ein Foto vom Inneren einer Sporttasche schicken könne. Jeder, der schon mal in eine schwarze Sporttasche hinein fotografiert hat, weiß, dass die Aussagekraft eines solchen Fotos bei Null liegt.

Natürlich- und das sind die Highlights im Handel- gibt es auch die Kunden, die aus ehrlichem Interesse anrufen oder nachfragen, und das macht dann auch einfach Spaß zu beraten und herauszufinden, welcher Artikel am besten zum Anforderungsprofil des Kunden passt.

Also, grundsätzlich erst mal mit positiver Freude an eine Frage herangehen, weil jede Frage eine Chance sein kann. Wenn ihr länger dabei seid, erkennt ihr die Luftpumpen dann schon von selbst.

Im Onlinehandel wird zudem eine schnelle Reaktion erwartet. Jeder kennt das wohl von sich selbst: Wenn ich eine Mail schreibe, schaue ich danach ganz ungeduldig auf mein Smartphone, weil ich irgendwie erwarte, dass der Empfänger vor dem Rechner sitzt und nur auf meine Anfrage gewartet hat.

Mit schnellen Reaktionszeiten kann man insofern auch Punkte sammeln, denn jemand, der gerade im Begriff ist, etwas kaufen zu wollen, wird bei einer Nachfrage nicht Däumchen drehend die Antwort abwarten sondern er wird im Internet weitersuchen, ob er die Antwort woanders bekommt und dann ggf. auch woanders kaufen.

Das ist vermutlich auch der Grund, warum immer mehr Seiten mit Live-Chats aufwarten, wo suggeriert wird, man würde sofort eine Antwort bekommen (klappt nach meiner Erfahrung nur sehr eingeschränkt).

Amazon hat die Reaktionszeit auf Käuferanfragen übrigens zu einem Bewertungskriterium gemacht und vergibt Minuspunkte, wenn eine Mail länger als 24 Stunden unbeantwortet bleibt. Nur am Rande sei dabei erwähnt, dass der hauseigene Verkäuferservice für die Beantwortung von Fragen durchaus auch mal ein oder zwei Wochen benötigt.

Reklamationen und Beschwerden sind noch ein ganzes Stück ernsthafter. Nichts ist unberechenbarer als ein Kunde mit Wut im Bauch- vollkommen unabhängig davon, ob man die Verärgerung nachvollziehen kann oder einem vollkommen überzogen vorkommt. Der Kunde ist erst einmal König und hat das Recht, sich zu ärgern.

Ich versuche mich dann gerne in den Kunden hineinzuversetzen und zu überlegen, wie ich mich fühle, wenn ich mit einem Einkauf im Internet unzufrieden bin. Das hilft meist.

Deshalb ist meine erste Reaktion IMMER ein Satz wie „Das ist natürlich ärgerlich und tut mir leid". Ich glaube, dass so was schon verdammt viel ausmacht und beim Kunden auch ein bisschen Dampf vom Kessel nimmt.

Geht es darum, dass der Artikel mangelhaft ist, lasse ich mir ein paar Fotos zuschicken, auf denen der Mangel erkennbar ist und erstatte dem Käufer die Zahlung. Wenn ich den Eindruck habe, dass man den Artikel vielleicht noch als B- Ware verkaufen kann, schicke ich dem Kunden ein Rücksendeetikett und erstatte, wenn der Artikel zurück bei mir ist.

Wenn der Kunde keine Erstattung sondern einen neuen Artikel haben will, hat er da natürlich einen Anspruch, denn wie wir in einem späteren Kapitel noch sehen werden, ist der gesetzliche Gewährleistungsanspruch ein Anspruch auf Mangelbeseitigung und nicht auf Erstattung.

Bei manchen Reklamationen hat man, ehrlich gesagt, das Gefühl, dass das jetzt ein bisschen klein kariert ist- oft hat man auch den Eindruck, dass zwanghaft nach einem Mangel gesucht wurde, um noch einen Rabatt herauszuholen.

Das merkt man daran, dass der Käufer den Artikel nicht zurückschicken will, wenn man ihm kostenlosen Rückversand anbietet. Insbesondere bei kleinen Verschmutzungen, die mit einem Wisch beseitigt sind, wird relativ schnell deutlich, dass der Käufer hier auf Entgegenkommen hofft, weil er natürlich weiß, dass der Verkäufer auch keine Lust hat, dem Käufer Versand- und Rückversandkosten zu erstatten.

Ich entscheide in solchen Fällen situativ und biete vielleicht einen kleinen Rabatt an; die Gefahr einer negativen Bewertung, die bei jeder Reklamation mitschwingt, ist dann auch geringer.

Apropos negative Bewertung: Dieses mächtige Instrument des Käufers wird von einigen unangenehmen Zeitgenossen ganz offen und dreist gebraucht, um den Preis zu drücken.

Hier ist bei mir die Grenze erreicht: Droht mir ein Käufer mit einer negativen Bewertung, beende ich sofort die Kommunikation und weise den Käufer darauf hin, dass solche Drohungen nicht nur z.B. gegen die Ebay- oder Amazon- Richtlinien verstoßen sondern nach den Buchstaben des Strafgesetzbuches auch eine strafbare Handlung sein können.

Noch nie bis zum heutigen Tage hat jemand, der mir mit negativer Bewertung gedroht hat und dem ich in dieser Weise zurück geschrieben habe, seine Drohung wahr gemacht und negativ bewertet. Das folgt wohl dem alten Sprichwort: Hunde, die bellen, beißen nicht.

Kaufberatung per Live- Chat

Am besten ist es natürlich, wenn die Artikelbeschreibung, die Fotos und der Preis keine Fragen mehr offen lassen, wenn der Kunde seine Lieblings- Bezahlmethode angeboten bekommt und der kostenlose Versand die Ware am nächsten Tag beim Kunden ausliefert.

Doch die Realität sieht, wie schon beschrieben, oft anders aus und viele Kunden haben eben doch noch die eine Frage, die sie vom sofortigen Kauf abhält – und weil die Frage per Mail nicht innerhalb von wenigen Minuten beantwortet ist, der Kunde aber gerade mit Kaufabsicht vorm Rechner sitzt, zieht er eben weiter. Der Mitbewerber ist schließlich nur einen Klick entfernt.

Einige Shopbetreiber versuchen, den Kunden im eigenen Shop zu halten, indem sie Live- Chat- Funktionen implementieren. Oftmals wollen die Kunden tatsächlich nur eine Produkteigenschaft noch mal bestätigt bekommen („Ist der Rucksack wirklich wasserdicht?" Hält der Schlafsack wirklich bis minus zehn Grad warm?") und sind dann zum Kauf bereit, wenn sie zeitnah eine positive Resonanz bekommen.

Ein solches Angebot ist natürlich für einen kleinen Einzelunternehmer, der nicht das Kleingeld hat, ein Callcenter für 24- Stunden- Service zu buchen, ein bisschen viel verlangt, aber manche Module lassen sich scharf schalten, wenn man nicht gerade im Kino sitzt und zeigen dem Kunden an, wenn jemand am anderen Ende der Leitung verfügbar ist.

Ich bin mir jedenfalls ziemlich sicher, dass der Trend zur Live- Kundenberatung weiter ausgeweitet werden wird.

Ideal und finanzierbar sind die Module Casengo mit What's App-Anbindung für 9 Euro monatlich für ein kleines Team mit bis zu drei Nutzern oder das in der Basis- Version kostenlose PureChat.

Pure Chat bietet in der free version 15 chats im Monat kostenlos. Das ist für den Anfang erst mal okay. Solltest du merken, dass deine 15 chats schon nach einer Woche aufgebraucht sind, kannst du ja über ein Upgrade nachdenken.

Pure Chat wird über ein einfaches kleines Java- Script auf der Webseite implementiert. Um als „online" angezeigt zu werden, muss man entweder vor dem Rechner sitzen oder die Pure Chat App, die es für iOS und Android gibt, installiert haben. Ist man nicht online, wird das den Kunden angezeigt und sie haben die Möglichkeit, stattdessen eine Mail zu schicken.

Ein paar rechtliche Hinweise

Was bedeutet eigentlich Gewährleistung

Im Volksmund hat sich der irreführende Begriff Garantie breitgemacht. Tatsächlich spricht der Gesetzgeber von Gewährleistung. Gewerbliche Verkäufer müssen- egal ob Sie im Ladengeschäft verkaufen oder im Internet- gewährleisten, dass der verkaufte Artikel bei sachgerechter Benutzung seine wesentlichen Leistungsmerkmale zwei Jahre lang erhält.

Das Produkt muss also zum Zeitpunkt der Lieferung mangelfrei sein. Natürlich kann ein Produkt aber einen Mangel haben, der erst später zu Tage tritt, z.b. Nähte, die mangelhaft vernäht sind.

Nicht von der Gewährleistung abgedeckt ist normaler Verschleiß oder unsachgemäßer Gebrauch. Wäscht der Kunde z.b. eine Outdoorjacke mit einem Weichspüler, obwohl in der Bedienungsanleitung deutlich steht, dass die Jacke dadurch ihre Wasserundurchlässigkeit verliert, so liegt kein Fall von Gewährleistung vor, da der Kunde durch unsachgemäßen Gebrauch den Mangel erst selber herbeigeführt hat.

Nun ist in der Praxis nicht immer klar erkennbar, ob der Mangel auf Materialfehler oder schlechte Verarbeitung (Verkäufer muss den Mangel beseitigen) zurück zu führen ist oder ob der Käufer einfach nicht sorgsam genug damit umgegangen ist.

Hierfür hat das Gesetz eine salomonische Lösung gefunden. Tritt der Mangel in den ersten sechs Monaten nach dem Kauf auf, so ist davon auszugehen, dass der Mangel von Anfang an bestanden hat und der Verkäufer ist in der Mangelhaftung, muss den Mangel also beseitigen.

Dabei entscheidet der Kunde, in welcher Form der Mangel beseitigt wird: durch Reparatur oder durch einen neuen Artikel. Die beliebte Abwimmelei von Einzelhändlern, man würde den Artikel zum Hersteller einschicken und der repariert ihn dann und irgendwann in ein paar Monaten kriegen Sie Ihren Artikel zurück, ist also unzulässig. Der Kunde hat Anspruch darauf, einen neuen Artikel auf Kosten des Verkäufers geliefert zu bekommen.

Nicht beanspruchen kann der Käufer hingegen die Erstattung des Kaufpreises. Der Anspruch auf Gewährleistungsanspruch ist ein Anspruch auf Mängelbeseitigung, nicht aber auf Erstattung. Erst wenn eine Mängelbeseitigung ein Mal fehlgeschlagen ist, der Ersatzartikel also z.B. denselben Mangel aufweist, kann der Käufer sein Geld zurück verlangen.

Tritt der Mangel dagegen erst nach sechs Monaten auf, so müsste der Käufer beweisen, dass der Mangel schon zum Zeitpunkt des Kaufs bestanden hat, was in vielen Fällen in der Praxis schwierig ist.

Solche Feinheiten sind den meisten Kunden natürlich unbekannt und so hält sich stur der Glaube, man würde zwei Jahre lang jedes Mal einen neuen Artikel beanspruchen können, wenn der Kunde das Produkt kaputt gespielt hat.

Wer zahlt die Versandkosten bei Ausübung des Widerrufsrechts

Dem Verbraucher steht nach dem Bürgerlichen Gesetzbuch bei Fernabsatzverträgen, so nennt man Kaufverträge, die im Internet geschlossen werden, ein 14-tägiges Widerrufsrecht zu. Damit soll dem Verbraucher die Möglichkeit gegeben werden, das Produkt so zu prüfen, wie man es auch in einem Ladengeschäft tun könnte.

Widerruft der Käufer den Kaufvertrag in dieser Frist, so hat er den Artikel zurück zu senden und bekommt dann seine komplette Zahlung erstattet. Der Verbraucher ist durch den Widerruf so zu stellen, als ob der Kauf nicht stattgefunden hätte. Dazu gehört, dass er auch die verauslagten Versandkosten für den Hinversand erstattet bekommt.

Seit 2013 erlaubt die neue Verbraucherrechtrichtlinie aber dem Verkäufer, die Kosten der Rücksendung auf den Käufer abzuwälzen. Bis Juni 2013 ging das nur, wenn der Bestellwert unter 40 Euro betragen hat. Diese Grenze gibt es nun nicht mehr.

Seit 2013 muss der Widerruf nun auch ausdrücklich erklärt werden. Davor konnte der Kunde die Ware auch innerhalb der 2-Wochen- Frist einfach kommentarlos zurückschicken oder gar die Annahme verweigern. Der Verkäufer durfte sich dann seinen Teil dazu denken oder dem Kunden hinterhermailen- wenn der Rücksendung denn ein Hinweis auf Identität des Käufers und/oder die Plattform, auf der der Artikel gekauft wurde, beigefügt wurde…

Verweigert ein Kunde nun nach Erklärung des Widerrufs den Kauf und entstehen dem Verkäufer durch die Rücksendung Kosten- DHL nimmt für eine Rücksendung nach erfolglosem Zustellversuch inzwischen 4 Euro netto- so kann man dem Käufer diese Kosten natürlich in Rechnung stellen.

Übrigens ist das Widerrufsrecht auch nicht ausgeschlossen, wenn der Artikel nicht mehr originalverpackt ist. Das ist bei vielen Artikeln ärgerlich, die ohne die OVP praktisch nicht mehr verkäuflich sind, aber Gesetz ist Gesetz.

Übrigens ist auch entgegen weit verbreitetem Irrglauben das Widerrufsrecht bei CD's oder Software nicht ausgeschlossen, wenn die OVP geöffnet ist. Lediglich wenn der Artikel über eine Versiegelung verfügt und diese aufgebrochen ist, kann der Artikel nicht wieder zurückgegeben werden. Das ist bei den meisten CD's/DVD's oder Software- Produkten aber nicht der Fall, denn eine Plastikfolie ist eben keine Versiegelung.

Unfreie Warenrücksendungen

Das ist wirklich das Letzte und da ist Ärger vorprogrammiert. Einige wenige Kunden gehen tatsächlich zur Post und geben eine Warenrücksendung unfrei auf.

Nun muss man wissen, dass eine unfreie Sendung die mit Abstand teuerste Variante ist, ein Paket zu befördern. Ca. 15 Euro kostet mich als Empfänger das, worauf die Postmitarbeiter auch pflichtgemäß hinweisen.

Wenn ein Kunde mir einen Rucksack für 10 Euro unfrei zurück schickt und Kosten von weiteren 15 Euro verursacht, dann fehlt mir da, offen gestanden, ein bisschen das Verständnis.

Muss ich unfreie Sendungen eigentlich annehmen? Das kommt darauf an...

Kündigt ein Käufer an, dass er einen Artikel nach Ausübung seines Widerrufsrechts unfrei zurück geschickt hat, so muss ich das Paket annehmen, kann dann aber die 15 Euro vom Erstattungsbetrag abziehen.

Das ist aber nur die zweitbeste Lösung, denn schließlich könnte der Kunde auf die Idee kommen, wegen der Kürzung einen Garantieantrag bei

Amazon oder einen Käuferschutzfall bei Ebay zu öffnen und so doch noch die 15 Euro erstattet bekommen.

Außerdem bekomme ich nicht die Verkaufsprovision erstattet, weil ich keine vollständige Erstattung gesendet habe. Und ein vom Erstattungsbetrag einbehaltener Teilbetrag bleibt eine umsatzsteuerpflichtige Einnahme, so dass ich auch noch 19% Steuern darauf zahlen muss.

Verweigere ich die Annahme, geht das Paket zurück zum Absender, der dann seinerseits die 15 Euro zahlen und dann das Paket noch mal – dieses Mal ordnungsgemäß frankiert – losschicken kann, um seine Erstattung zu erhalten.

Mir gefällt der erzieherische Aspekt dieser Lösung, denn ich bin mir sicher, dass der Käufer dann nie wieder ein unfreies Paket versenden wird. Dummerweise reagiert der Gesetzgeber äußerst allergisch auf alles, was wie als Behinderung in der Ausübung des Widerrufsrechts aussehen könnte.

In Zusammenhang mit einem ausgeübten Widerrufsrecht kommt die Annahmeverweigerung daher nicht in Betracht; in allen anderen Fällen, insbesondere wenn ich nicht weiß, was in dem unfreien Paket ist, sehe ich mich nicht verpflichtet, ein solches Paket anzunehmen.

Selbst wenn der Käufer Grund hat anzunehmen, dass ich als Verkäufer die Kosten der Rücksendung übernehmen müsste (was man ja im Einzelfall durchaus diskutieren kann), so hat er natürlich nicht das Recht, die teuerste Variante zu wählen sondern muss im Sinne einer Schadensminderungspflicht hier eine angemessene Versandform wählen.

Dass hier das Potential für eine negative Bewertung gegeben ist, dürfte allen klar sein. Es ist aber wichtig, sich als Verkäufer nicht jede Frechheit aus Angst vor Bewertungen gefallen zu lassen, denn das führt nur dazu, dass einige Käufer immer dreister werden.

Man konnte bei Ebay vor einigen Jahren beobachten, welche Ausmaße die Erpressung mit negativen Bewertungen angenommen hat, als Ebay die Möglichkeit, einen Käufer ebenfalls negativ zu bewerten, gestrichen hat.

Zum Glück geht Ebay inzwischen einen Weg, zumindest den Status als Verkäufer mit Top- Bewertung an objektivere Kriterien zu knüpfen und damit das Erpressungspotential ein wenig zu entschärfen.

Zu guter Letzt...

Die hier präsentierten Informationen sind mit großer Sorgfalt zusammengetragen worden. Dennoch ändern sich viele Rahmenbedingungen im Online- Handel rasend schnell, so dass für die Aktualität der hier getroffenen Aussagen keine Gewähr übernommen werden kann.

Bitte fasst diesen Ratgeber als Aufforderung zum Nach- und Weiterdenken auf und als solide Grundlage für weitergehende Eigenrecherche.

Ich wünsche euch für eure unternehmerische Zukunft viel Glück und viele zufriedene Kunden.

MIX

Papier aus ver-
antwortungsvollen
Quellen
Paper from
responsible sources
FSC® C141904

Druck:
Customized Business Services GmbH
im Auftrag der KNV-Gruppe
Ferdinand-Jühlke-Str. 7
99095 Erfurt